ANTOLOGÍA DE

EXTRAORDINARIAS

Autor Ben Hoare

Ilustraciones de Angela Rizza
y Daniel Long

Introducción

Cuando era pequeño, se posó delante de mí un pájaro rosa, blanco y negro. Alguien me dijo que era una abubilla, y contemplándola nació mi gran pasión por las aves. Después de leer este libro, espero que te gusten tanto como a mí. Las aves son increíbles. Son las reinas del cielo y los únicos animales vivos que actualmente tienen alas. De hecho, los primeros animales que tuvieron alas fueron los dinosaurios, antecesores de los pájaros. Y eso significa que cada ave es como un dinosaurio vivo. ¿No te parece alucinante?

Las aves llevan unas vidas fascinantes, superemocionantes. Comen todo lo que te puedas imaginar, cantan hermosas melodías, se construyen unos nidos increíbles, tienen amigos, bailan acrobáticamente, se sumergen bajo el agua, se gastan bromas e incluso utilizan herramientas. ¿Y sabes lo mejor de todo? Están por todas partes: en el centro de una ciudad, en el bosque, en el desierto, en lo alto de una montaña o surcando mares lejanos. Este libro es un homenaje a estas maravillosas criaturas aladas con las que tenemos la suerte de compartir la Tierra.

Ben Hoare
Autor

Índice

Pavo real

Las alas del pavo real brillan con la luz del sol.

Pavo real, sudeste asiático.
El macho se pavonea con las plumas abiertas, en forma de abanico, por delante de las hembras.

¿Qué será ese sonido tan extraño? ¿Un gato? ¿Una trompeta? No, ¡es el grito del pavo real macho! Se pasa todo el día avisando al resto de que busca compañía. Si una hembra escucha su grito, le responde y puede llegar a cruzar el bosque para encontrarlo.

El macho baila para impresionar a las hembras. Primero, despliega su larga cola como un abanico mostrando las manchas en forma de ojo que tienen sus plumas. Luego, mueve la cola, de modo que estas manchas brillan. Cuantas más tenga, más probable será que la hembra se interese por él. En Asia, hay otra especie de pavo, el pavo real de la India, con el cuerpo de un color azul metálico precioso.

Los polluelos de pelícano meten la cabeza en el pico de sus padres para alimentarse.

Pelícano ceñudo

El colosal pico de un pelícano se puede convertir fácilmente en una red de pesca. El pico tiene una especie de bolsa de piel elástica, que el pelícano usa para levantar a los peces. Pero, cuidado, porque ¡esta bolsa también se llena de agua! Así pues, tiene que abrir ligeramente el pico para vaciarlo antes de zamparse la cena.

Los pelícanos ceñudos suelen nadar en fila para perseguir a los peces y pescarlos más fácilmente. Son aves enormes que pesan tanto como una criatura. Para alzar el vuelo de los lagos y pantanos donde viven, tienen que cruzar el agua corriendo, batiendo sus grandes alas. Una vez en el cielo, planean como las aves rapaces, a veces a tanta altura como un avión.

Pelícano ceñudo, Asia y Europa. El pico de un pelícano puede llegar a contener 11 litros de agua, más que su propio estómago.

Entre los emúes, los padres, muy entregados, son los que cuidan de las crías.

¡Que no cunda el pánico! No es una pata de dinosaurio, sino de emú. Estos animales lo tienen todo ENORME. Es la segunda ave más grande del planeta, después del avestruz. Pesa, más o menos, como una persona de doce años, y tiene unas huellas gigantescas —¡casi tan altas como este libro!—.

Sin embargo, el emú tiene unas alas minúsculas, casi ni se ven. Y, además, sus plumas suaves no le sirven para volar. El emú, como no vuela, camina por todos lados. Para escaparse del peligro, corre. Podría ganar fácilmente al atleta más rápido del mundo. Si tiene que enfrentarse a un enemigo, este poderoso pájaro puede darle una patada fortísima.

Emú, Australia. La enorme pezuña del emú tiene tres dedos fuertes, en forma de garra afilada.

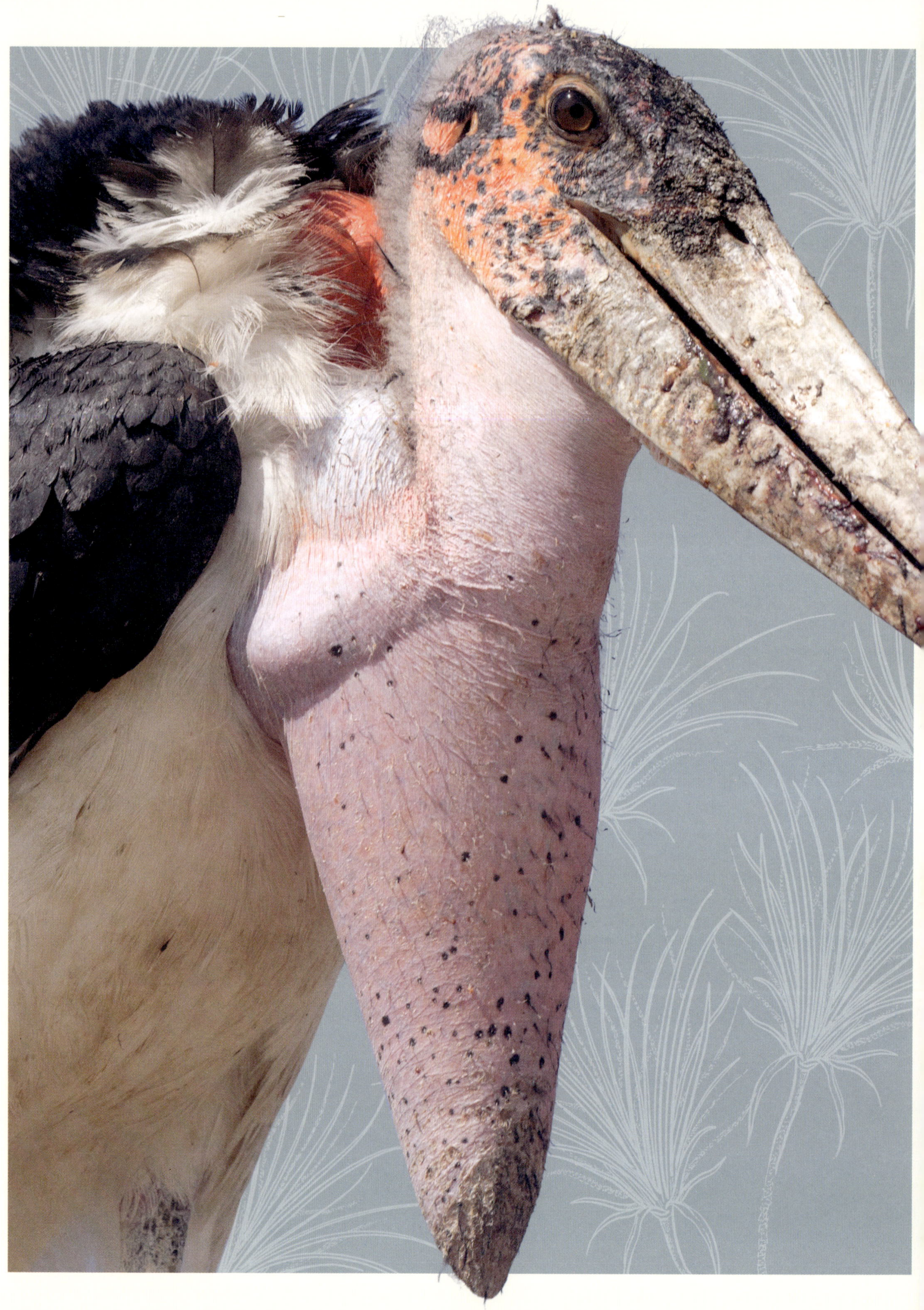

Marabú africano

El marabú africano es una de las mayores aves voladoras. Planea sobre la sabana africana en busca de comida. La mayoría se alimenta de restos de animales muertos, pero también mata a sus presas. Tiene un pico robusto y sensible, que se abre para tragarse la comida. Igual te resulta extraño el aspecto que tiene su cabeza pelada, pero piensa que le permite comer sin ensuciarse las plumas.

¿Y qué es ese peculiar cono rosáceo que tiene bajo el pico? Es una especie de bolsa flácida de piel, que puede llegar a hinchar ¡como si fuera un globo! Lo suele hacer cuando se pelea y cuando se pavonea delante de una hembra. A algunas personas el marabú africano les parece un animal feo o siniestro, pero en realidad es un ave maravillosa, ¿no crees?

Se dice que el marabú africano es el asesino de los leones, de quienes se come la carne.

Marabú africano, África.
Tanto los machos como las hembras tienen una especie de saco de piel por debajo de la garganta.

Secretario, África.
Los secretarios son de las pocas aves que tienen pestañas.

Secretario

Muchas aves rapaces se lanzan en picado o planean para conseguir la comida. Pero los secretarios son diferentes. Estas altas aves se mueven a zancadas por las sabanas africanas y cazan en el suelo. Comen ratones, serpientes y otros animalillos, a los que matan a patadas, con sus largas y fuertes patas. Si ven un incendio, correrán hacia las llamas para capturar a otros animales que huyan de ellas. Pero, si lo necesitan, estas peculiares aves sí que vuelan.

¿De dónde proviene su nombre? No está muy claro, pero podría estar relacionado con su cresta negra. Se ve que las plumas de su cresta se parecen a las plumas que usaban los secretarios para escribir hace muchos años.

Los secretarios pisotean a las serpientes para matarlas.

Grulla de coronilla roja

Por lo que parece, estas aves altas y elegantes no pueden estar nunca quietas. Cuando se juntan, empieza el baile. Mueven la cabeza arriba y abajo, y saltan por el aire con rápidos aleteos. A veces, juegan a perseguirse, ¡como si fueran un grupo de niños en el patio! Para aparearse, la pareja de macho y hembra danza con mucha elegancia.

Las grullas de coronilla roja habitan en zonas pantanosas, campos de arroz y otras zonas húmedas. En Japón y en China son aves muy preciadas, porque se consideran símbolo de buena suerte y de longevidad. En el norte de Japón, los inviernos son fríos y nevosos, y la gente suele dejar a la vista arroz y maíz para las grullas, lo que ayuda a que la población de estas aves siga aumentando.

En Japón, se denominan "dioses de los pantanos".

Grulla de coronilla roja, Asia oriental. Estas grullas tan danzarinas imitan a la perfección los movimientos de sus parejas, alzando las alas y estirando el cuello.

Cisne negro

La mayoría de los cisnes tiene las plumas blancas, pero las de esta especie son tan negras como el carbón. Podemos contemplar estas preciosas aves en lagos y estanques de Australia, incluso en grandes ciudades. Suelen vivir en pequeños grupos. Cada grupo es una familia que incluye una pareja y sus polluelos. Es muy fácil distinguir a las crías, ya que son grises y no negras.

Los cisnes se construyen un nido muy intrincado. Forman una pila enorme de maleza, césped y todo lo que encuentren. Los cisnes adultos defienden su nido con uñas y dientes. Si se les acerca un depredador, le sueltan un bufido y lo ahuyentan batiendo las alas con furia.

¡El canto del cisne negro se parece al sonido de una trompeta de juguete!

Cisne negro, Australia.
Estos cisnes nadan con mucha elegancia, con el cuello curvado.

Albatros viajero

El albatros viajero puede llegar a vivir más de 50 años. Se pasa la mayor parte del tiempo solo, planeando sobre el océano, lejos de tierra firme. Es enorme —pesa tanto como un ganso—, con las alas más largas que cualquier otra ave. Gracias a estas potentes alas, puede cruzar el océano, recorriendo larguísimas distancias casi sin batir las alas. Tiene un pico especial, ya que cuenta con dos orificios nasales tubulares encima. Le sirven para oler la comida, especialmente peces y pequeños crustáceos, a una distancia de 20 km.

Los albatros tienen la misma pareja durante toda la vida. Después de pasar largas temporadas separados, la pareja se saluda repiqueteando sus picos en las islas donde anidan. Son unos padres muy entregados y dedican casi un año a criar a cada polluelo.

La envergadura de estas magníficas aves es casi de 3,5 m.

Albatros viajero, océanos Atlántico, Pacífico y Antártico. Estos albatros se reproducen en islas remotas y ponen un único huevo cada vez.

Cóndor andino

Los cóndores vuelan aprovechando las corrientes de aire ascendentes.

Cóndor andino, América del Sur. Las plumas que tiene el cóndor en el extremo de sus alas le brindan un control adicional al volar.

El cóndor andino es un ave gigante con una cabeza muy peculiar, calva. Pesa lo mismo que un cisne y es uno de los animales con las alas más grandes del mundo. La mayoría de los cóndores de esta especie vive en los Andes, en América del Sur, donde planea por encima de altas montañas. Un dato alucinante: puede planear durante horas sin batir ni una vez las alas.

Los cóndores son un tipo de buitre y se alimentan de animales muertos. Como no tienen un gran sentido del olfato, confían en su vista privilegiada para distinguir la comida. Un cóndor puede zamparse de golpe un montón de carne, como si se comiera un perro pequeño. Comen tanto, que a veces ¡les cuesta alzar el vuelo!

La dieta de un quebrantahuesos es casi solo a base de huesos.

Quebrantahuesos

Los buitres son aves enormes con un pico aguileño y unas garras afiladas. La mayoría se alimentan a partir de restos de animales muertos; no matan a sus presas. Sin embargo, pasan de la carne y se comen los huesos. Son capaces de tragarse huesos pequeños enteros, pero los más grandes se los llevan volando y los dejan caer sobre zonas rocosas para romperlos a trocitos. En el estómago tienen un ácido superfuerte que disuelve los huesos fácilmente.

Reciben su nombre por la costumbre de recoger huesos y soltarlos contra las rocas para que se rompan. Los distinguirás planeando a gran altura por encima de las montañas. Nadie sabe por qué les gusta tanto bañarse en barro rico en óxido de hierro, lo que les confiere su característica coloración naranja a las plumas del pecho.

Quebrantahuesos, África, Asia y Europa. Los quebrantahuesos tienen una vista muy aguda para detectar comida desde lejos.

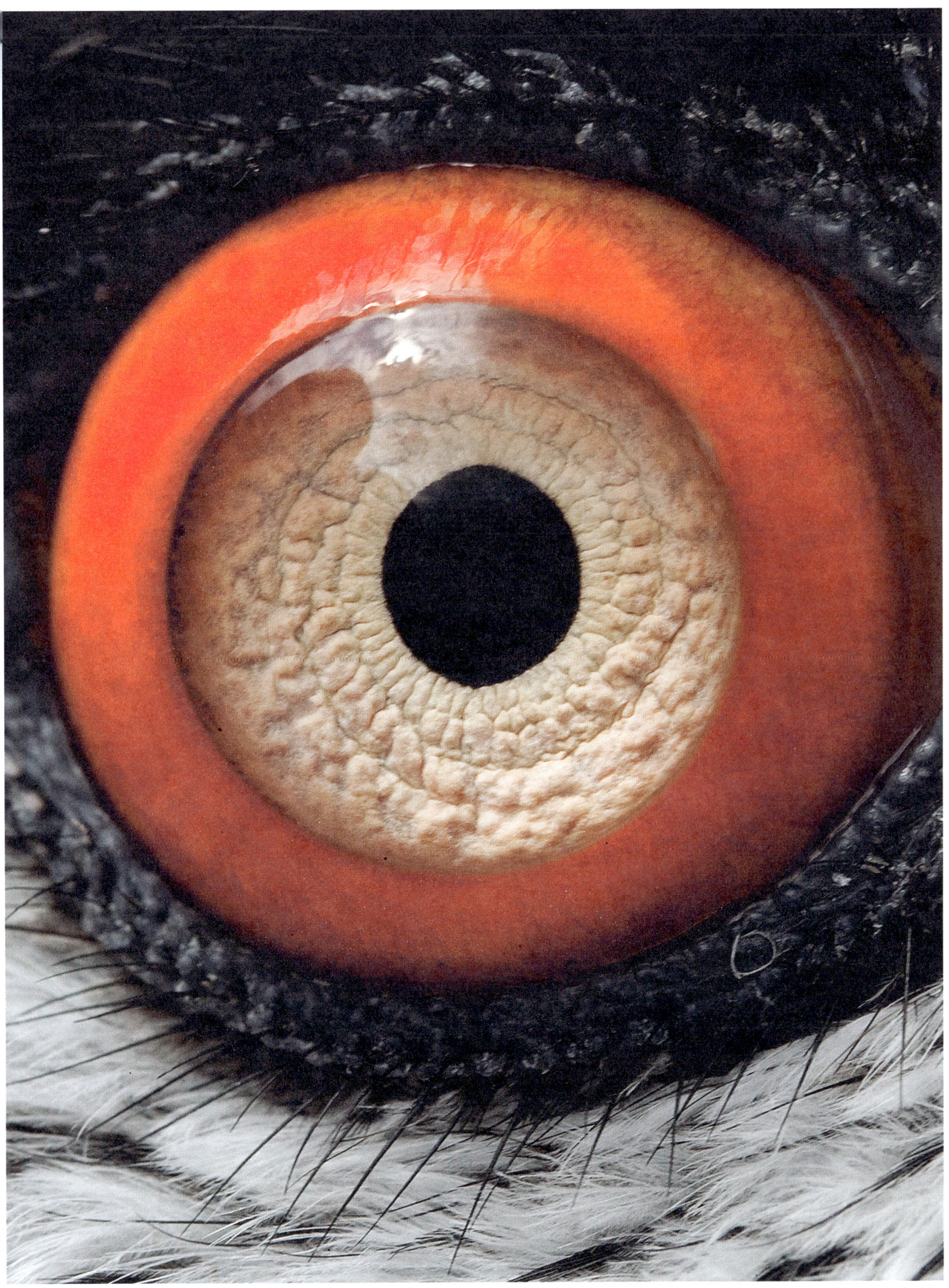

Increíblemente, a partir de fósiles sabemos que el Archaeopteryx tenía alas de plumas negras.

El Deinonychus era un dinosaurio terópodo del tamaño de un oso polar, que podría haber tenido plumas.

Archaeopteryx
Este dinosaurio tenía muchas características que podrían ser como las de cualquier ave actual. Estaba cubierto de plumas y tenía pico. Sin embargo, no volaba —aunque podría haber sido capaz de planear distancias cortas— y tenía unos dientes afilados.

Terópodos
Este gran grupo de dinosaurios incluye muchos de los que te sonarán más, ¡como el Tyrannosaurus rex! La mayoría eran carnívoros y algunos tenían plumas, pero no volaban. Las plumas, sin embargo, podrían haberles servido para darles calor y para atraer a sus parejas, gracias a su colorido.

Evolución de las aves

Hoy en día, las aves viven por todo el mundo, del polo norte al polo sur. ¿De dónde vienen? Aunque no te lo creas, las aves son, en realidad, ¡dinosaurios! Hace unos 95 millones de años las primeras aves evolucionaron de un grupo de dinosaurios llamados terópodos, algunos de los cuales, aunque eran reptiles, tenían plumas. Muchas generaciones después, esas primeras aves habían perdido los dientes y la cola, les había salido un pico ¡y volaban! Actualmente, en el mundo existen más de 11 000 especies de aves.

Confuciusornis

Esta primera ave era más o menos del tamaño de una vaca. Sus fósiles indican que tenía plumas y alas, lo que sugiere que volaba distancias cortas. Además, tenía una cola mucho más corta que otras aves, aunque contaba con dos largas plumas en la punta.

Como otras aves, el Confuciusornis tenía garras en las alas.

Ichthyornis

El Ichthyornis se parecía a las aves marinas actuales y vivía en zonas costeras. Tenía un esternón fuerte al que se unían los músculos para volar y era un gran volador. Sin embargo, disponía de una mandíbula dentada, que debía de usar para cazar peces.

Asteriornis

El Asteriornis es la primera ave descubierta que comparte muchos rasgos con las aves actuales. Pertenecía al mismo grupo que los gallos. Vivió en la época justo anterior a la extinción de los dinosaurios no aves, y disponía de un pico sin dientes. Seguro que tenía plumas y lo más probable es que volara.

El Asteriornis tenía unas patas largas y se alimentaba en la arena de la costa.

Aves actuales

Existe una inmensidad de tipos de aves distintas, de todas las formas y los tamaños. Todas tienen un pico sin dientes y plumas, y la mayoría vuelan. Si te fijas bien, seguro que distinguirás en ellas algunos de los rasgos de sus antecesores dinosaurios.

Águila arpía

Las garras de un águila arpía son tan largas como las de un oso pardo.

Águila arpía, América Central y del Sur.
Tiene unas garras largas en la punta de sus cuatro dedos. Tres apuntan hacia delante y uno hacia atrás.

Los monos corren a esconderse cuando distinguen un águila arpía. Esta especie es una de las mayores águilas del mundo, y los monos forman parte de su dieta. Estas poderosas aves agarran a sus presas de las copas de los árboles con sus potentes garras. Seguramente, los perezosos son su plato favorito. A pesar de su envergadura, vuelan silenciosamente y pillan por sorpresa a los perezosos que dormitan en los árboles.

El águila arpía vive en bosques lluviosos, y puede tener la misma pareja de por vida. Juntos, construyen un nido enorme, ¡más grande que una cama de matrimonio! Ponen un único huevo en cada puesta y alimentan a su polluelo durante 10 meses.

Avutarda común

¿Te recuerda a una gallina grande? Igual sí, pero, a diferencia de esta, la avutarda sabe volar bien. El macho es una de las aves voladoras más pesadas. Si pesara un poco más, no podría alzar el vuelo. Casi siempre prefiere andar.

La avutarda común vaga por praderas y campos. Se zampa casi todo lo que se encuentra en su camino: desde semillas hasta animales, como insectos, ratones y ranas. En primavera, los machos se reúnen para cortejar a las hembras. Durante esta exhibición grupal, estiran el cuello y extienden la cola y sus alas plumadas. ¡Se convierten en una gran pelusa; es muy gracioso!

Los machos tienen una especie de bigote de plumas.

Avutarda común, Asia y Europa.
Los machos se parecen mucho a las hembras, salvo en el período de cortejo.

Ave del trópico de cola roja

Ves una manchita blanca en el horizonte. Cuando se te acerca más, te das cuenta de que es un pájaro… ¡con una cola descomunal! Es un ave del trópico de cola roja, o rabijunco colirrojo. El par de plumas rojas que tiene en el centro de la cola son tan largas que parece una cometa.

Estas aves se pasan toda su vida volando sobre el mar. Se zambullen para pescar peces y crustáceos para alimentarse. A veces, también se posan sobre el océano, pero, a pesar de tener las patas palmeadas como los patos, no son buenas nadadoras. Solo hay un motivo por el que visitan tierra firme: para crear una familia. Suelen anidar en islas remotas, lejos de las personas.

Ave del trópico de cola roja, océanos Índico y Pacífico. Las plumas rojas y alargadas de su cola a veces son más largas que su propio cuerpo.

Las aves del trópico de cola roja construyen sus nidos de cualquier forma, a menudo con un simple arañazo en la tierra.

Guacamayo jacinto

El guacamayo jacinto recorrerá largas distancias para encontrar sus frutos secos preferidos.

Estas aves espectaculares son la clase de guacamayo más grande del planeta. Tienen unas plumas azules increíbles y unas manchas amarillas alrededor de los ojos y del pico. Con todo, normalmente los escucharemos antes de verlos, porque son muy ruidosos. Sus gritos resuenan por todo el bosque y la selva, donde viven.

Los guacamayos jacintos tienen un pico asesino: si quieren, te pueden romper un dedo en un segundo. Pero son aves tranquilas y pueden romper cáscaras de frutos secos con el pico y comerse las gustosas semillas del interior. Como el resto de los loros, los guacamayos forman vínculos estrechos con sus parejas, con las que comparten el resto de la vida.

Guacamayo jacinto, América del Sur.
Las parejas de guacamayos van juntas a todas partes —incluso les encanta arreglarse las plumas el uno al otro—, pero ¡ni hablar de compartir la comida!

Rabihocardo grande

Los machos del rabihocardo grande tienen un as escondido en la manga: para atraer a las hembras durante la época de cría, soplan un saco que tienen bajo la garganta. Lleno de aire, parece un enorme corazón rojo. Y repican contra él con el pico.

El rabihocardo, o fragata pelágica, vive en el mar y anida en grandes grupos en tierra. Se alimenta básicamente de peces. A veces vuela detrás de los delfines y les roba los peces que hacen saltar. Es un ave voladora sensacional; puede mantenerse alejado de tierra durante semanas, ¡hasta 60 días! Incluso duerme en el aire. Nunca se posa en el mar, porque sus plumas no son impermeables.

El rabihocardo grande persigue a otras aves marinas para robarles los peces, como si fueran piratas con plumas.

Rabihocardo grande, océanos tropicales. Los machos tienen un saco inflable debajo del pico, del que carecen las hembras.

Flamenco enano, África y Asia. Los flamencos adultos producen un líquido lechoso en la garganta para alimentar a sus crías. ¡De color rosa!

Flamenco enano

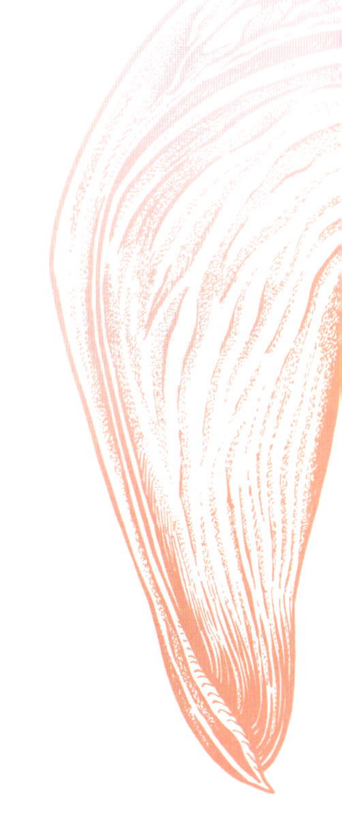

En África algunos lagos parecen mares rosas relucientes. Se debe a que el agua está repleta de flamencos enanos. Estas pequeñas aves rosas se alimentan y crían en grandes grupos. En algunos momentos del año, se pueden llegar a ver hasta un millón de ejemplares en el mismo lago.

Los flamencos tienen un pico curvado, que introducen en el agua. A veces se les quedan trocitos de comida en el pico, sobre todo algas, que son las que les dan ese espectacular color rosáceo. Suelen alimentarse de noche y se pasan el resto del día durmiendo. Los verás apoyados sobre una sola pata, con la otra doblada. Aunque parezca raro, ahorran energía con este gesto.

Los flamencos tienen los pies palmeados y nadan como los patos.

Garza agamí
Las garzas son expertas pescadoras, y la garza agamí no es una excepción. Esperan pacientes a que un pez nade cerca de ellas y entonces se lanzan, con su largo y afilado pico, a cazarlo.

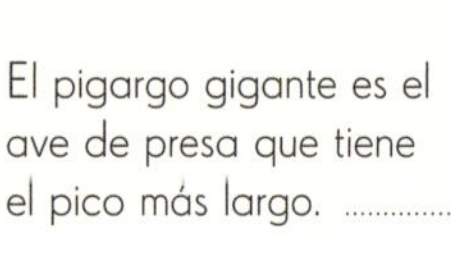

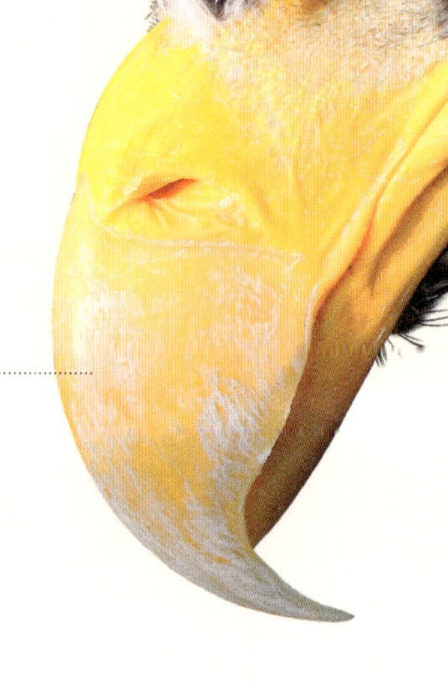

El pigargo gigante es el ave de presa que tiene el pico más largo.

Picogordo vespertino
El picogordo vespertino tiene un pico ancho y triangular para romper las cáscaras de los frutos secos. Tiene unas pequeñas muescas que le sirven para que no se le muevan mientras hace fuerza para que se rompan.

Picos

Las aves usan el pico para recolectar comida, arreglarse las plumas y transportar cosas, como el material para el nido. Es una característica propia de las aves, aunque las tortugas también cuentan con uno. Tanto en las aves como en los reptiles, el pico está formado de láminas de hueso duro cubierto de una capa de queratina. El pico de cada ave se adapta a su estilo de vida, o sea que imagínate la cantidad de formas, tamaños y colores que existen.

Corneja cenicienta
Las cornejas viven en muchos hábitats y comen una amplia variedad de alimentos. Tienen un pico multifuncional que les sirve para enfrentarse a presas pequeñas, restos de animales muertos, semillas, frutos secos, fruta y todo lo que se les ponga por delante.

Ganso común
Los gansos se alimentan de hierba y semillas. El lado interior de su pico tiene forma de sierra, lo que los ayuda a trocear la hierba jugosa.

Pigargo gigante

Todas las aves rapaces tienen picos potentes con la punta afilada y curvada gracias a la cual pueden trocear la carne para tragársela. El pigargo gigante usa su pico puntiagudo para despedazar peces grandes, como el salmón.

Carpintero bellotero

Solemos escuchar a un carpintero antes de verlo. Para atraer a sus parejas, golpean el pico contra el tronco de los árboles haciendo un sonido como de tambor. También martillean los árboles para agujerear la corteza y así llegar a los insectos o para hacer agujeros en los que construir sus nidos.

Rayador americano

Los rayadores tienen unos picos curiosos, con la parte superior más corta que la inferior. Al volar sobre el mar, sumergen la parte inferior buscando peces, a los que pescan sin problema.

Suimanga dorsioliva

El alimento preferido de la suimanga es el néctar. Tiene un pico largo y curvado que se adapta perfectamente a la forma de los pétalos de las flores, de modo que puede hacerse con el líquido dulzón que contienen. Mientras se mueve de flor en flor, va transportando el polen, polinizándolas.

El pico del zarapito actúa como unas pincitas que consiguen sacar a la presa de la arena.

Zarapito real

El zarapito, moviéndose con cuidado por la tierra húmeda de la orilla, va clavando el pico en la arena. Le gustan los animales pequeños, como gusanos y cangrejos. Cuando encuentra uno, se lo zampa en un periquete.

Petroica encarnada

Las aves arborícolas se suelen alimentar de insectos y arañas, así que les va perfecto tener un pico pequeño y puntiagudo. Es el caso de la petroica encarnada australiana, que usa su pico para arrancar las presas de entre las hojas.

Ave lira soberbia

Las aves lira pueden imitar casi cualquier sonido que escuchen.

Se oye un crujido en el sotobosque. Se trata de un ejemplar macho de un ave lira soberbia. De repente, salta sobre un montoncito de tierra que él mismo ha formado. Es un paso más de su cortejo, y una hembra lo está observando. El macho despliega la cola para mostrar sus blancas plumas suaves y un par de plumas curvadas espléndidas. Entonces empieza a cantar, con silbidos, gritos, gorjeos y graznidos. Su canto suena como si lo hubiera creado ¡por ordenador! Pero en realidad lo que hace es copiar la mayoría de sonidos de otras aves y animales del bosque. Si el ritual del macho cautiva a la hembra, formarán una pareja y una familia.

Ave lira soberbia, Australia. Esta ave recibe su nombre por las 16 plumas que tiene en la cola, que, una vez desplegada, recuerda la forma de una lira —un instrumento musical—.

Cormorán grande

Al cormorán grande le chifla el pescado. De hecho, no come nada más. Pero a veces los peces que pesca son tan grandes que cuesta imaginar cómo se los puede tragar. Por suerte, los cormoranes tienen una garganta elástica que les sirve para tragarse animales enteros. Estas aves nadan con mucha gracia, sin apenas salpicar cuando se sumergen en busca de peces.

Podemos encontrar cormoranes grandes en lagos, ríos, ciénagas y a lo largo de la costa. Siempre que tengan peces cerca para comer, son felices. Anidan en grupo, normalmente en árboles al lado del agua; ¡sus incontables cacas tiñen de blanco los árboles! Pero también pueden construir nidos caóticos y apestosos en el suelo.

Los cormoranes nadan a poca profundidad: a veces solo podemos distinguir la cabeza y el cuello.

Cormorán grande, África, Asia, Europa, América del Norte y Oceanía. Los cormoranes grandes no tienen ningún problema para tragarse un pez más grande que su propia cabeza.

Colimbo grande

Los colimbos pueden permanecer bajo el agua durante 3 minutos.

Un grito fantasmal recorre el agua... Parece como si alguien llorara. Pero no existe tal fantasma; este extraño grito proviene de un colimbo grande que está llamando a su pareja de cría. Estas elegantes aves viven en lagos, donde se sumergen para pescar peces con su pico en forma de arpón. Tienen unas patas palmeadas en la parte posterior del cuerpo, cerca de la cola, perfectas para moverse por debajo del agua a gran velocidad para cazar a sus presas. Pero, entonces, eso significa que ¡son aves muy patosas en tierra! Apenas andan, así que se mueven a saltitos y arrastrando los pies.

Los colimbos anidan en islas en medio de lagos. Después de reproducirse, se dirigen a la costa a pasar el invierno. A menudo se los ve nadando sobre las olas, no muy lejos de la orilla.

Colimbo grande, Europa y América del Norte.
Con tan solo unas horas de vida, los peluditos polluelos de colimbo ya saben nadar.

Las seriemas tienen las patas tan largas que parece que lleven zancos.

Seriema de patas rojas, América del Sur
Gracias a sus largas patas, estas aves son excelentes corredoras, y pueden correr hasta a 40 km/h

Seriema de patas rojas

Hace millones de años, en América del Sur vivían las aves del terror. Estos temibles depredadores medían tres metros de alto y tenían el pico como un águila y las zarpas de un tigre. ¡Eran la versión ave del Tyrannosaurus rex! Hoy estas aves del terror están extinguidas, pero, si visitas las llanuras de Brasil y Argentina, puedes ver a sus descendientes: las seriemas. Estas aves son mucho más pequeñas, por supuesto, pero siguen siendo depredadoras feroces.

Se alimentan básicamente de lagartijas, serpientes y otras aves, y suelen cazar a pie. Para matar a sus presas, una vez cazadas, las aplastan contra el suelo. Los granjeros suelen usarlas para proteger a sus gallinas, como si fueran "perros guardianes"; si una seriema ve a un águila o a un zorro, se pone a chillar.

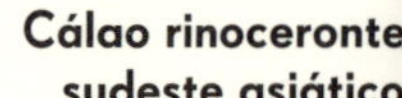

Cálao rinoceronte
sudeste asiático
Con los frutos del bosque
por ejemplo higos suculentos
estas aves se dan un festín

Cálao rinoceronte

¿Sabes por qué se llaman así estas aves habituales en selvas tropicales? Porque tienen un cuerno enorme, como el de un rinoceronte, sobre el pico. Es de un color amarillo anaranjado brillante, y hueco por dentro, que amplifica sus gritos. Cuando se llaman entre ellos, sus graznidos se pueden oír a mucha distancia.

Los cálaos construyen unos nidos muy peculiares. Las hembras trepan hasta un hueco de un tronco y los sellan con barro y su propia caca. Entonces, ponen sus huevos dentro del hueco y crían a sus polluelos en la oscuridad. El macho les pasa la comida a través de una grieta estrecha. Al cabo de un tiempo, la hembra y los jóvenes cálaos rompen el nido y emergen a la selva.

Al volar, los cálaos emiten un sonido parecido a un zumbido. ¡Y tienen unas alas enormes!

Faisán común, Asia, Europa y América del Norte.
El faisán macho tiene un plumaje muy colorido, mientras que la hembra es toda marrón.

Faisán

Los polluelos de faisán se alimentan solos desde que salen del cascarón.

Tragopán de Temminck, Asia.
Para atraer a las hembras, el macho hincha la piel azul y roja que tiene bajo el cuello.

Faisán monal del Himalaya, Asia.
El macho presume de sus ricas galas en los rituales de apareamiento.

Faisán de Lady Amherst, Asia.
Este faisán es precioso, pero es muy tímido.

¡Los faisanes son los reyes de la pista! Cuando los machos inician el ritual de cortejo, se pavonean, se postran o saltan por el aire. Suelen hinchar el pecho o desplegar sus alas o las plumas de la cola. Estos movimientos deslumbrantes les sirven para conseguir sus parejas. Las hembras son menos coloridas, porque tienen que quedarse escondidas en el nido.

Normalmente, puedes encontrar faisanes en bosques, montañas y praderas. A pesar de que vuelan, prefieren andar o correr. Están emparentados con las gallinas y los pavos y, como ellos, cuentan con unas patas fuertes. Los machos tienen un pincho, a modo de espuela, en la parte posterior de las patas, que usan para pelearse.

Argos real, sudeste asiático.
Durante su ritual de cortejo, el macho despliega sus alas, como un abanico gigante.

Aninga americana

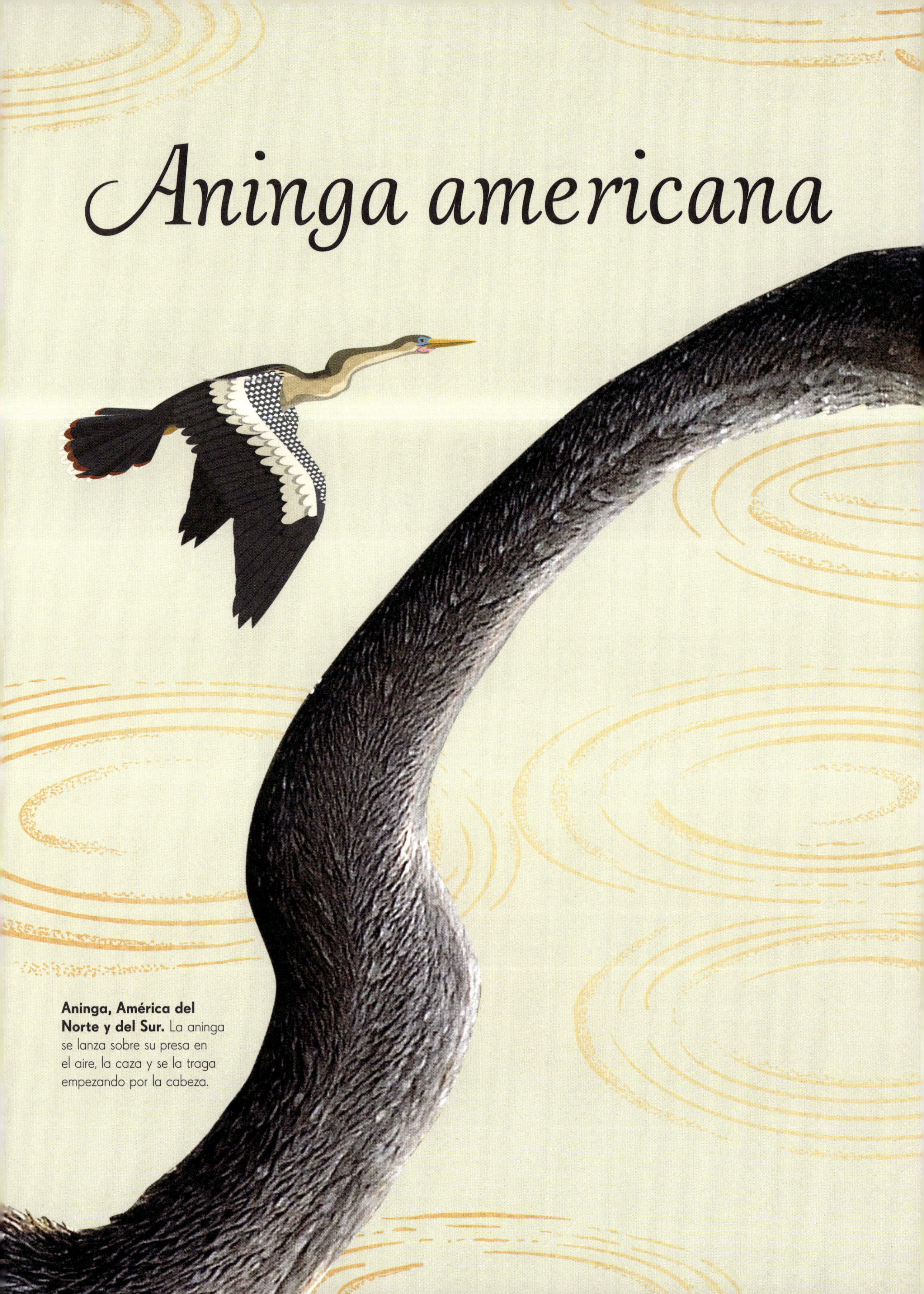

Aninga, América del Norte y del Sur. La aninga se lanza sobre su presa en el aire, la caza y se la traga empezando por la cabeza.

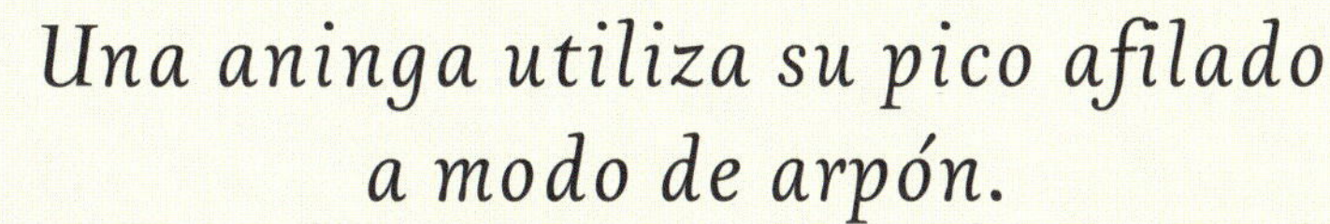

Una aninga utiliza su pico afilado a modo de arpón.

Este curioso animal acuático habita en ciénagas y marismas. Tiene un cuerpo aerodinámico y las patas palmeadas, como un pato, y es una experta ave pescadora. Suele nadar con el cuerpo bajo el agua, y solo le sobresalen su cabecita y su largo cuello. ¡Parece una serpiente moviéndose así! Por eso no es extraño que también se conozcan como pájaro serpiente.

A diferencia de otras aves, la aninga no produce ningún aceite especial para que sus plumas sean impermeables. Así que cuando sale del agua está empapada. Cuando va a pescar, tiene que quedarse en la orilla después y extender sus alas mojadas para que se le sequen al sol, como quien tiende la colada.

Espátula rosada

¿Crees que te sería fácil comer sujetando una cuchara con la boca? Pues las espátulas rosadas, que tienen el pico en forma de cuchara, se las apañan perfectamente. Sumergen este extraño pico en el agua, lo abren un poco y lo mueven de lado a lado. Al tocar una presa, se cierra de golpe. La espátula rosada se suele alimentar de crustáceos y otras criaturas acuáticas pequeñas, aunque también puede comer cangrejos y peces.

Existen seis especies de espátulas, y todas viven en zonas pantanosas o en la costa. La espátula rosada es la única de color rosa y, durante la época de cría, su cabeza pelada se vuelve amarilla y verde. Cuando están en grupo, chocan sus picos para saludarse.

Espátula rosada, América del Norte, Central y del Sur.
Las espátulas usan su sensible pico para cazar a sus presas. Puede llegar a medir hasta 18 cm de largo.

Los ejemplares más jóvenes tienen el pico recto. La forma de cuchara se desarrolla más tarde.

Esta ave jadea como un perro para refrescarse en días calurosos.

Pájaro bobo de patas azules, América del Norte y Sur.
Esta ave sale del cascarón con los pies marrones, pero, al crecer, se le vuelven azules.

Pájaro bobo de patas azules

El macho de esta especie tiene las patas más alucinantes del mundo. Para atraer a una hembra, baila con movimientos lentos, levantándolas una después de otra. Cuanto más claras tenga las patas, más fuerte y sano estará. Esta ave marina se reproduce en islas remotas. La hembra grazna para encontrar pareja y el macho le silba como respuesta. Podemos distinguir dónde han anidado, porque dejan círculos de cacas sobre las piedras.

Los pájaros bobos vuelan sobre el mar para poderse sumergir en busca de peces. Con las alas plegadas, se lanzan al agua como si fueran misiles. En tierra firme, no temen a la gente. Arrastran los pies como si fueran un payaso, de ahí viene su divertido nombre: pájaro bobo.

Ganso blanco, América del Norte.
Puede llegar a haber miles de gansos blancos en una única bandada.

Los gansos blancos suelen volar formando una V.

Ganso blanco

Este tipo de gansos tienen el cuerpo completamente blanco. Cuando una bandada alza el vuelo, ¡es como si se levantara una tormenta de nieve! En América del Norte, las bandadas de gansos blancos son una señal de cambio de estación. Cada primavera, la gente observa cómo vuelan hacia el Ártico para reproducirse. Allí encuentran muchas plantas para alimentarse y las parejas tienen cuatro o cinco polluelos.

En agosto, vuelven para pasar el invierno más al sur. Tienen un largo viaje por delante, así que paran en lagos y campos a lo largo del camino para descansar y comer. La gente espera ansiosa su regreso. Cuando vuelven, significa que estamos a las puertas del invierno.

El grito de un avetoro se puede escuchar a una distancia de 5 km.

Avetoro común, África Asia y Europa. Ayudándose de sus largos dedos, puede subirse a los juncos y andar sobre tierra fangosa

Avetoro común

¡Si jugaran al escondite, los avetoros seguro que ganarían! Son aves tímidas que viven en ciénagas y pantanos, donde se deslizan entre juncos altos que crecen en el agua. Los patrones veteados de sus plumas se confunden con el cañizar. Si están en peligro, se quedan quietos y apuntan el pico hacia el cielo, con lo que "desaparecen" para sus depredadores.

Los avetoros pertenecen a la familia de las garzas. Como otras garzas, tienen las patas largas para andar por el agua y un pico en forma de arpón para pescar. En primavera, el macho emite un sonido ensordecedor para marcar territorio. Si soplas dentro de una botella de vidrio vacía, conseguirás imitar el mismo sonido.

El gallo rojo se conoce por su "quiquiriquí".

Gallo rojo, Asia.
Los machos tienen unos espolones en las patas, que usan para pelear.

Gallo rojo

¿Este animal te resulta familiar? Del gallo rojo, que es un ave salvaje, provienen los gallos comunes. El gallo rojo procede del sudeste asiático, donde sigue viviendo en estado salvaje. La hembra es básicamente marrón, lo que las ayuda a camuflarse cuando están en el nido. Sin embargo, los machos tienen plumas coloridas, así como una cresta roja en la cabeza.

Las gallinas comunes son el ave más común del mundo. ¡Por cada persona, existen cuatro gallinas! Los test demuestran que son inteligentes. Sueñan, tienen buena memoria y pueden resolver enigmas sencillos. Así que si crías a estos animales por sus huevos y su carne, ¡trátalos bien!

Las hembras ponen hasta 24 huevos enormes.

Talégalo de Latham

Las aves necesitan mantener calientes sus huevos hasta que eclosionan, normalmente lo hacen sentándose encima. Pero no es el caso de estas aves, también llamadas pavos de matorral. Se construyen una especie de incubadora para los huevos, con montañas de hojas y pilas de tierra, que pesan tanto ¡como varios coches juntos! Y entonces la hembra pone los huevos en el interior. Las hojas, al pudrirse, crean calor para calentar los huevos.

Estos pavos revisan estos montículos de tierra a diario. Si dentro hace frío, apilan más hojas encima. Si hace demasiado calor, apartan algunas hojas. Después de 50 días, las crías salen del huevo y al exterior.

Talégalo de Latham, Australia.
Estos pavos son del tamaño de una gallina y tienen la cabeza roja pelada

Ibis escarlata

El ibis es un ave acuática que tiene un pico largo y curvado. La mayoría son de color blanco, marrón o negro, pero existe una especie que es distinta del resto: el ibis escarlata, que tiene las plumas tan rojas que parecen pintadas. Su impresionante color proviene de los cangrejos, gambas y otros crustáceos que comen; cuantos más comen, más rojos se vuelven. También comen escarabajos y ranas.

El ibis escarlata vive en selvas tropicales y ciénagas, donde anidan en los árboles. Desde cierta distancia, un árbol con estos coloridos pájaros puede parecer cargado de frutos exóticos. Los jóvenes son marrones y las plumas se les van volviendo rojas a medida que crecen.

Ibis escarlata, América del Sur. A excepción de las puntas negras de sus alas, el ibis escarlata tiene todas las plumas rojas.

El ibis escarlata joven aprende a nadar antes que a volar.

Los búhos vuelan sin hacer ruido, como si fuera un susurro, gracias a las suaves plumas de sus alas.

Cárabo lapón

Cárabo lapón, Asia, Europa y América del Norte. La cabeza grande y redonda del cárabo lapón parece una antena parabólica. Capta sonidos y los dirige hacia las orejas.

Gracias a su increíble visión nocturna y a su oído, los búhos cazan de noche. Pueden localizar a sus presas aunque esté muy oscuro. Algunos búhos, como el cárabo lapón, también se muestran activos de día. ¡Es uno de los búhos más grandes (y más suaves) del mundo! Vive en los fríos bosques del norte y sus gruesas plumas lo mantiene calentito en invierno. Sus presas preferidas son los ratones de campo. Cuando escuchan a uno, se lanzan en picado para apresar al animal con sus garras afiladas. ¡Y nadie está a salvo, ni siquiera los topos que viven bajo tierra nevada en invierno! Los búhos pueden percibir cualquier movimiento y penetrar el suelo nevado para cazarlos.

Pluma en forma de vela

Un tipo de pluma extraña en forma de vela que tienen los machos de pato mandarín. Cada macho cuenta con un par, anaranjadas, que le asoman por la espalda, a modo de vela. Forman parte de su colorido ritual de apareamiento, que el macho usa para impresionar a las hembras.

Pluma de contorno

Las plumas de contorno cubren gran parte del cuerpo de las aves. Son tupidas en la base, para darles calor, pero suaves en la punta, lo que contribuye a crear su característica forma aerodinámica. En general, solo tiene color la punta, ya que es lo único que se ve.

Las semiplumas no tienen un contorno liso y continuo.

Semipluma

Las semiplumas se parecen a las plumas de contorno —son densas en la base y más suaves en la punta—, pero tienen huecos entre los filamentos. Este tipo de plumas no se suelen ver, pero ayudan a las aves a mantener la temperatura corporal.

Pluma del ala

Unidas a los huesos de las extremidades de un ave, las plumas de vuelo forman el ala. Las plumas del ala tienen que ser fuertes para que los pájaros puedan alzar el vuelo y mantenerse en el aire. Muchas de las plumas del ala tienen unos colores brillantes, que les sirven durante e período de apareamiento.

Pluma rizada

Algunas aves tienen unas plumas muy distintas a las habituales. El macho del ave del paraíso real tiene unas plumas muy largas en la cola, en forma de alambre, que acaban en una espiral verde brillante. Cuando quiere exhibirse ante una hembra, la estira y le sobresale por encima de la cabeza.

La paloma crestada Victoria tiene una cresta de filoplumas en la parte posterior de la cabeza.

Filopluma

Algunas plumas son delgadas y largas con varias barbas en la punta. Estas plumas se conocen como filoplumas. Las aves las usan en los rituales de apareamiento o para notar objetos cercanos.

Plumón

El plumón consta de plumas suaves y ligeras, y no se usan para volar. En cambio, sirven como una colcha calentita para mantener la temperatura corporal de las aves. Cuando nace un polluelo, está recubierto de este plumaje.

Tipos de colores

Las aves son de todo tipo de colores: visibles por los seres humanos o no. Sin embargo, algunos colores de la pluma son engañosos. A pesar de que parecen brillantes, los colores no están producidos por pigmentos, sino por la propia estructura de las plumas.

Plumas

Las plumas son la característica más importante de las aves. Todas tienen plumas, y estas pueden tener muchas formas distintas y un gran abanico de colores. Entre las aves que vuelan, las plumas son fundamentales para mantenerse en el aire, pero sirven para muchas otras cosas increíbles. Mantienen la temperatura corporal de las aves y son impermeables, les sirven para comunicarse, confieren la forma aerodinámica a su cuerpo, el sentido del tacto e incluso pueden producir sonidos. También son una capa esponjosa ideal para sus nidos.

Las plumas irisadas tienen un brillo satinado resplandeciente.

Pluma de camuflaje

Mientras que algunas aves tienen unos colores espectaculares, otras los tienen más apagados. Pero un plumaje marrón puede servir de camuflaje perfecto ante depredadores. Las hembras suelen tener este tipo de plumas, que les sirven para esconderse en sus nidos.

Pluma de la cola

El pavo real macho tiene unas plumas preciosas en la cola. Cada una de sus largas plumas termina en un círculo azul y verde que se parece a un ojo. Los pavos reales despliegan las plumas de la cola para intentar impresionar a las hembras.

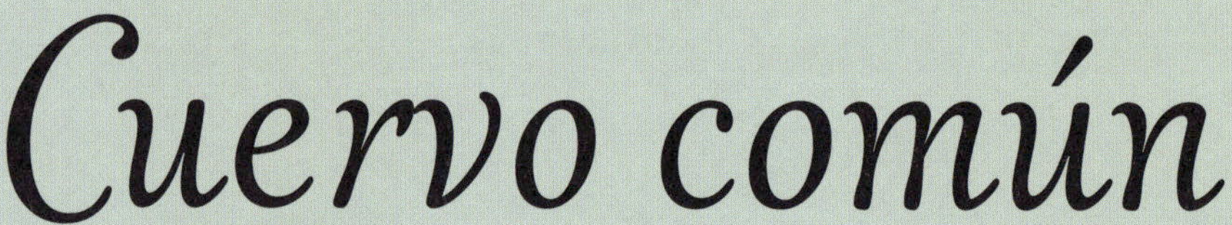

Cuervo común

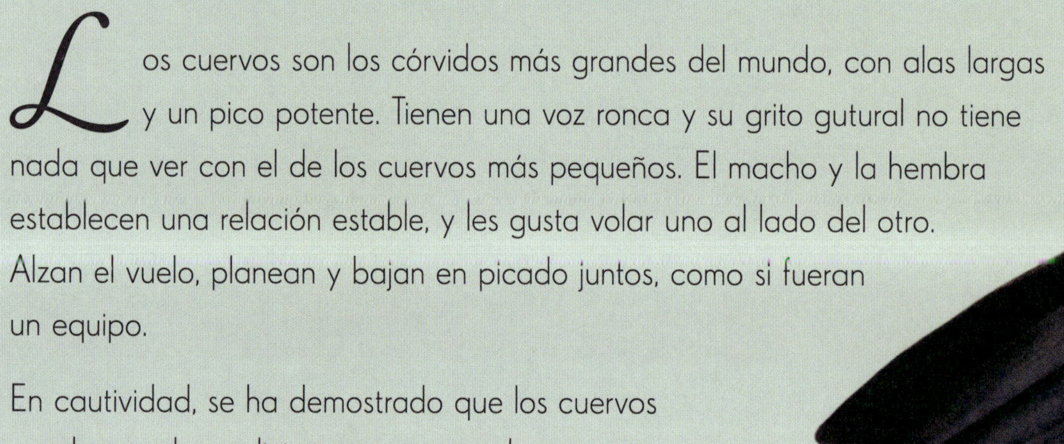

Los cuervos son los córvidos más grandes del mundo, con alas largas y un pico potente. Tienen una voz ronca y su grito gutural no tiene nada que ver con el de los cuervos más pequeños. El macho y la hembra establecen una relación estable, y les gusta volar uno al lado del otro. Alzan el vuelo, planean y bajan en picado juntos, como si fueran un equipo.

En cautividad, se ha demostrado que los cuervos pueden resolver adivinanzas y contar hasta siete. Son unas aves juguetonas, además, que es otra señal de inteligencia. Se los ha visto deslizándose por pendientes nevadas, divirtiéndose, por lo que parece. Luego vuelven a subir a la cima y repiten lo mismo. Quién lo diría: ¡a estos animales les gusta ir en trineo!

A los cuervos les gusta darse la vuelta en el aire y volar bocabajo.

Cuervo común, África, Asia, Europa y América del Norte. Los cuervos les hacen regalos a sus parejas, algo de comida o material para construir el nido.

Gaviota argéntea europea

Gaviota argéntea europea, Europa. Las gaviotas tienen un amplio repertorio de gritos, desde gemidos hasta graznidos.

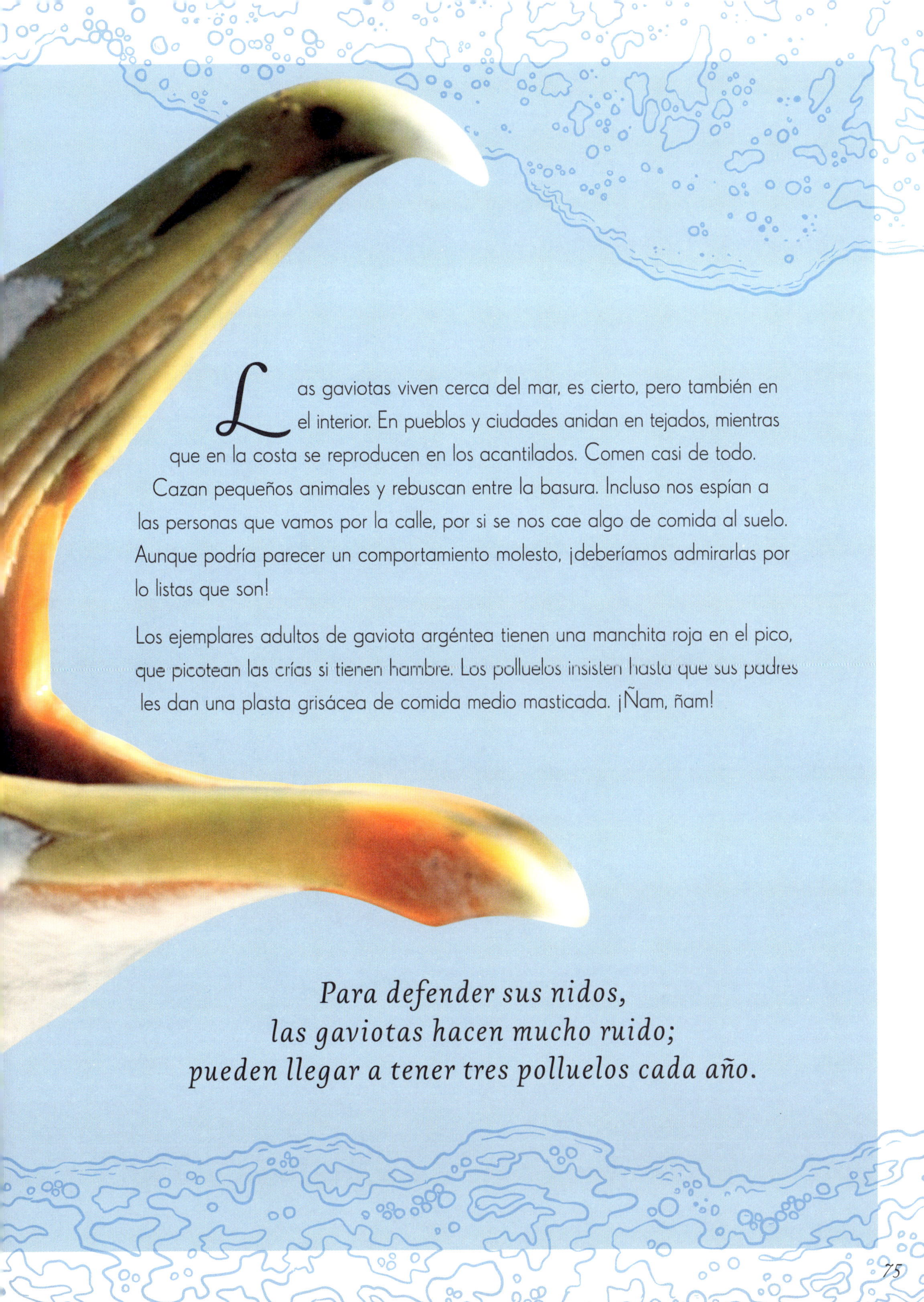

Las gaviotas viven cerca del mar, es cierto, pero también en el interior. En pueblos y ciudades anidan en tejados, mientras que en la costa se reproducen en los acantilados. Comen casi de todo. Cazan pequeños animales y rebuscan entre la basura. Incluso nos espían a las personas que vamos por la calle, por si se nos cae algo de comida al suelo. Aunque podría parecer un comportamiento molesto, ¡deberíamos admirarlas por lo listas que son!

Los ejemplares adultos de gaviota argéntea tienen una manchita roja en el pico, que picotean las crías si tienen hambre. Los polluelos insisten hasta que sus padres les dan una plasta grisácea de comida medio masticada. ¡Ñam, ñam!

Para defender sus nidos,
las gaviotas hacen mucho ruido;
pueden llegar a tener tres polluelos cada año.

Como una vaca, el hoatzin digiere las hojas que se come con la ayuda de bacterias.

Hoatzin

En las marismas de América del Sur, podemos cruzarnos con el pájaro más extraño del mundo, diferente de cualquier otra especie viva. El hoatzin no anda y apenas vuela. Aunque sea raro para un ave, se alimenta de hojas. Muchos otros animales lo hacen, pero muy pocos pájaros. Debido a su dieta inusual, sus excrementos huelen como el estiércol. ¡La gente local lo llama "pájaro apestoso"!

Las crías de hoatzin tienen una garra en cada ala. Si están en peligro, bajan del nido y se esconden entre las aguas pantanosas que tienen debajo. Cuando todo está tranquilo, usan las garras para volver a encaramarse a sus nidos. Los jóvenes pierden las garras cuando crecen.

Hoatzin, América del Sur.
El hoatzin, un ave patosilla, usa las alas para mantener el equilibrio.

Los aguacates son la comida preferida de los quetzales.

Quetzal guatemalteco, América Central.
Las plumas de la cola de este quetzal son de color verde sedoso.

Quetzal guatemalteco

En los bosques neblinosos de las montañas viven unas aves luminosas, de color verde y rojo, llamadas quetzales guatemaltecos. Tienen el tamaño de una paloma, pero una cola estupenda, que en los machos puede ser el doble de larga que su cuerpo. Vivir con una cola así no es fácil. Para alzar el vuelo, tienen que saltar desde una rama hacia atrás. Cuando se sientan en su nido, enrollan la cola como si fuera una bufanda.

Hace mucho tiempo, los quetzales eran venerados por los mayas y los aztecas. Para ellos, eran los dioses del aire. Los jefes de la tribu llevaban ropa hecha con las plumas de la cola de los quetzales, a los que les volvían a salir una vez liberados. Hoy en día, los quetzales son una especie protegida y los amantes de las aves cruzan el mundo para poderlos contemplar.

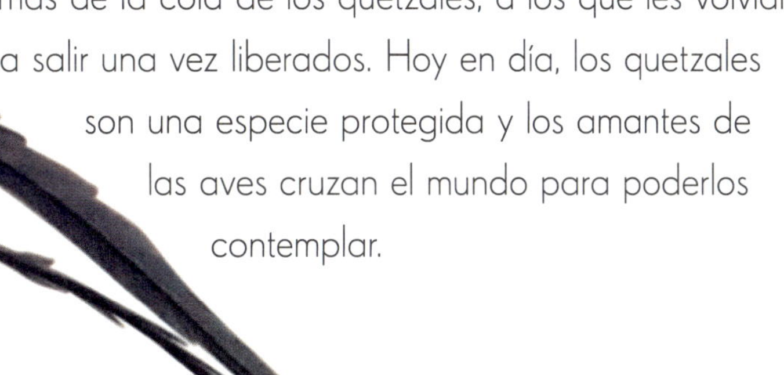

Kakapo

El kakapo es un tipo de loro, ¡pero un loro muy raro! Es el único que no vuela, y es tan grande y pesa tanto que va andando a todas partes. A diferencia del resto de los loros, es muy activo de noche y tiene una cara grande y redonda, como un búho. Tiene las plumas más verdes y suaves que te puedas imaginar, y huele a miel o a madera vieja. Los machos compiten entre ellos emitiendo sonidos estridentes. Ese estruendo resuena en plena noche y atrae a las hembras, que elegirán al mejor cantarín.

Por desgracia, los kakapos son uno de los animales más escasos del mundo. Hoy en día, solo existen unos 250 ejemplares, básicamente en unas islas cerca de Nueva Zelanda. Actualmente, se están haciendo muchos esfuerzos para conservar esta especie.

El kakapo puede vivir hasta 90 años, y es el ave viva con una esperanza de vida más larga.

:akapo, Nueva Zelanda.
as plumas verdes del kakapo parecen musgo,
les sirven de fantástico camuflaje en el bosque.

La pintada común es un ave sagrada en algunas zonas de África.

Pintada común

¿Te has fijado en el extraño cuerno que tiene la pintada en la cabeza? ¡Parece que lleve casco! Hace muchos años, algunos dinosaurios tenían algún rasgo parecido. Está hecho de hueso, cubierto con la misma capa dura que tenemos en las uñas. Se cree que usan su "casco" para cortejar y aparearse.

Estas pintadas viven en grupo la mayor parte de su vida. Les gusta correr, como si siempre tuvieran prisa. Cuando algo las asusta, arman un gran revuelo y se encienden todas las alarmas. Sus gritos resuenan como las risas de una pandilla de amigos.

Pintada común, África.
Estas aves tienen la cabeza pelada.
De la cara les cuelgan cachitos de piel.

Los tucanes suelen jugar a pelearse con sus picos.

Tucán toco, América del Sur. Se pueden distinguir tucanes tocos en todo tipo de campo abierto donde haya árboles.

Tucán toco

¿A quién no le gusta un tucán toco? Es un ave famosa en todo el mundo, gracias a su superpico, que parece una banana gigante. Tienen el pico hueco y lleno de aire, o sea que no pesa tanto como parece. Si no, el tucán se caería de las ramas. ¿Te parece que este pico tiene que ser una molestia para todo? Pues no, les va muy bien para llegar a frutos que están en lo alto de las ramas. También les sirve para cazar insectos, lagartijas y otras presas. Los tucanes pueden calentar y enfriar su inmenso pico, controlando su temperatura corporal como si fuera un radiador.

Los tucanes viajan en grupitos reducidos. Graznan de un modo peculiar para comunicarse entre ellos. Se pueden confundir con una rana o un pato, ¡pero gritan mucho más!

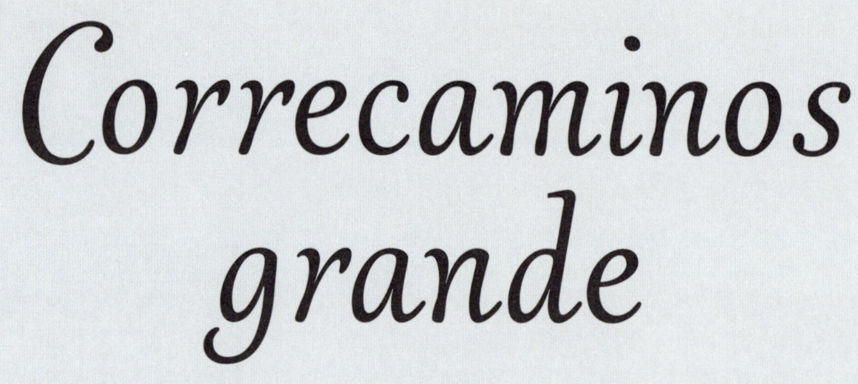

Correcaminos grande

Los correcaminos son veloces a pie. Tienen unas patas potentes y pueden alcanzar los 30 km/h. Pero ¿por qué se mueven tan rápido? Porque corren detrás de sus presas, principalmente lagartijas, serpientes y ratones. Las serpientes no son una presa fácil de dominar, pero el correcaminos las aplasta contra el suelo. A veces, el correcaminos macho y la hembra trabajan en equipo. Uno distrae a la serpiente, mientras que el otro la ataca.

El hábitat de los correcaminos son los desiertos y otros lugares áridos. No los verás beber nunca: obtienen el agua que necesitan de los alimentos que ingieren. En las patas, tienen dos dedos que apuntan hacia delante y dos hacia atrás, o sea que dejan una huella sobre la arena en forma de X.

Correcaminos grande, América del Norte.
Los correcaminos han nacido para correr. Raras veces vuelan, solo si están en peligro.

*A máxima velocidad,
usan su larga cola
para avanzar.*

Pato arlequín, Asia, Europa y América del Norte. El macho del pato arlequín, con marcas blancas y negras por todo el cuerpo y en la cabeza, es mucho más vistoso que la hembra.

Pato arlequín

Los patos son aves habituales en estanques y lagos, incluso de pueblos y ciudades. ¿Esperarías encontrártelos en ríos caudalosos de espuma blanca? Pues es donde realmente viven los patos arlequín. Estos patos ultrafuertes crían en ríos de agua helada al norte del planeta. Y lo más increíble es que pueden sumergirse hasta el lecho del río para cazar insectos, culebras de agua y otras criaturas. Son capaces de nadar en fuertes corrientes de agua, que a cualquiera de nosotros nos arrastrarían.

Tras la cría, este pato vuela hasta la costa para pasar el invierno. Pero no elige bahías resguardadas con aguas tranquilas, no; prefiere las costas rocosas, con el mar bravo y movido.

¿Sabías que los patos arlequín chillan como un ratoncillo?

Somormujo lavanco

¿Te imaginas que pudieras bailar sobre el agua? Pues los somormujos lavancos lo hacen. Viven en lagos, donde machos y hembras bailan juntos para crear su vínculo. Mientras la pareja nada uno delante del otro, sacuden y giran la cabeza para exhibir su capa de plumas. La gente caza esta especie por sus plumas, precisamente, para usarlas en sombreros. Pero hoy en día es una especie protegida.

Los somormujos tienen el cuerpo alargado, y las patas justo al final. Eso hace que sean grandes nadadores, pero también implica que no pueden andar por el suelo. Se alimentan de peces que pescan y ¡también de plumas! Así evitan que las espinas de los peces se les queden clavadas en el estómago.

Los somormujos adultos llevan a sus crías en la espalda.

Somormujo lavanco, África, Asia, Europa y Oceanía.
En su baile, los somormujos se alzan llevando algas en el pico.

Carraca curol

Carraca curol, Madagascar.
La hembra del carraca curol es marrón con manchitas. El macho es gris, con las alas resplandecientes, de color verde, azul y bronce.

El sonido que emite esta ave recuerda el de una sirena.

A veces hay aves tan peculiares que no sabemos ni de qué clase se trata. Es el caso del carraca curol. No parece estar emparentado con ningún otro pájaro del mundo. Para empezar, tiene la cabeza muy grande, pero las patas y los dedos muy pequeños. Y tiene los ojos en una posición extraña en el centro de la cabeza. ¡Es todo un enigma!

El carraca curol solo vive en los bosques de la isla de Madagascar. Como otros animales de esta isla, no se encuentran en ningún otro rincón de la Tierra. El macho y la hembra viven siempre juntos en las copas de los árboles. Como siempre se los ve juntos, la gente de la isla los llama "pájaros del amor".

Zacua mayor, México y América Central.
Las zacuas construyen nidos parecidos a un calcetín, con raíces y hojas.

Zacua mayor

La zacua mayor es un ave tropical del tamaño de un cuervo. Tiene una manchita azul en la cara, las plumas de la cola amarillas y un pico muy poco habitual: mitad negro, mitad naranja. Sus nidos parecen calcetines colgando de una rama. Críen en grupo en el mismo árbol, normalmente cerca de nidos de avispas. ¿Y por qué les gustarán tanto las avispas? Pues porque los insectos que pican ahuyentan a los depredadores, y así estas aves inteligentes se aseguran de que pueden cuidar tranquilas de sus polluelos.

El trino de la zacua mayor es increíblemente bello. También se la conoce como oropéndola de Moctezuma, en honor a uno de los máximos dirigentes aztecas.

La zacua mayor macho canta boca abajo.

Salangana nidoblanco

El nido de la salangana nidoblanco parece hecho de plástico; no obstante, el único ingrediente de este nido es la saliva de esta ave. Construye el nido, que tiene forma de bol, en la parte alta de las paredes de las cuevas, para que los huevos estén a salvo.

Golondrina risquera

Las golondrinas construyen sus nidos a bocaditos de barro. Tienen forma de pera, con una base ancha y una entrada estrecha en la parte superior. Suelen colocar los nidos en acantilados, pero también podemos verlos debajo de puentes o en las paredes.

Las paredes del nido son trocitos de barro seco que las golondrir recogen con el p

Águila real

Las águilas construyen unos nidos de ramas inmensos. El águila real construye el suyo en las copas de los árboles. Una pareja de cría volverá a su nido cada año, al que irán poniendo más ramas; por eso llegan a ser gigantescos.

Pingüino de Adelia

Los nidos de los pingüinos de Adelia no son muy cómodos. Estas aves van recogiendo piedrecitas, que apilan para poner encima su único huevo. Los más listillos intentan robarles las mejores piedras a sus compañeros pingüinos cuando no miran.

Eider común

El nido del eider común es superconfortable. Las hembras se arrancan plumas de su propio pecho para formar un nido calentito. Cuando se acaba el período de cría, hay gente que recoge estas plumas y las usa como relleno de colchas.

Eurilaimo lorito

El nido colgante del eurilaimo lorito parecen cuatro ramas mal puestas, pero, en realidad, es una construcción compleja. Las parejas usan raíces, tallos y hojas muertas para crear un nido en forma de saco, que cuelgan de una rama o incluso de un cable eléctrico.

Nidos

Todas las aves necesitan un lugar seguro para guardar sus huevos, y por eso hay muchas que se construyen un nido con ramas, pero no todas. Algunas aves se lo construyen con hierba, otras con lodo o arcilla y unas cuantas ¡con su propia saliva! Los huevos no controlan su propia temperatura, o sea que, para mantenerlos suficientemente calientes para que se desarrollen los polluelos, la mayoría de las aves se sientan sobre ellos con todas sus plumas en sus nidos. Se llama período de incubación.

ejedor baya

os nidos de los tejedores baya son unos de los ás complejos que existen. El macho va tejiendo allos de hierba hasta crear una estancia con una ntrada en forma de tubo, por la que es difícil ue se cuelen las serpientes hambrientas.

Colibrí de Ana

Los colibríes construyen unos nidos tan diminutos que cuesta verlos. Los nidos de un colibrí de Ana no son mucho más grandes que una moneda. A menudo los disimulan con musgo y líquenes.

orzal común

l zorzal común construye un nido n forma de bol hecho a partir de amitas de arbusto u otros atorrales. El interior lo ubre de una capa de arro y así forma un uenco liso en el que ueden descansar us huevos.

Hornero común

¿Te imaginabas que esta pila de arcilla redondeada encaramada en una rama de un árbol era un nido? Pues es el del hornero común. Por eso se llaman así estas aves, porque sus nidos recuerdan un horno de barro tradicional.

El agujero de entrada al nido está en uno de los costados.

Guácharo

El guácharo se pasa la noche recorriendo el bosque en busca de fruta.

Guácharo, América del Sur.
El guácharo no se parece a ninguna otra ave de la Tierra; ni se comporta como ninguna.

En las profundidades de las selvas de América del Sur, hay cuevas donde unos gritos llenan el aire. Estos extraños gritos pertenecen a los guácharos, que se reúnen en estas cuevas para criar. Son aves activas de noche. Como los búhos, tienen unos ojos increíblemente sensibles, y ven bien con poca luz. Como los ratones, cuentan con unos bigotes, que les sirven para notar lo que tienen alrededor. Y como los murciélagos, emiten una especie de chasquidos que les ayudan a volar en la oscuridad. Emiten unos 250 chasquidos por segundo, y se sirven del eco para orientarse dentro de las cuevas y por la selva. Se llama ecolocalización: ¡es como ver con el sonido! El guácharo es una de las pocas aves del planeta que tiene este superpoder.

Tigana

Tigana, América Central y del Sur.
La tigana tiene unos dibujos deslumbrantes en las alas que parecen unos ojos enormes.

Cuesta reconocer una tigana... hasta que despliega sus alas.

Una forma de autodefensa es hacer creer a tus enemigos que eres peligroso. Pues eso es lo que hace la tigana. Se trata de un ave gris y marrón que se mueve despacio, así que la mayor parte del tiempo queda disimulada entre el sotobosque. Sin embargo, si algo la asusta, despliega instintivamente sus alas mostrando unas brillantes manchas de colores. Entonces, de golpe, parece como si unos ojos te miraran fijamente. Esta imagen temible hace que los depredadores se lo piensen un par de veces antes de molestar a esta especie.

La tigana, también denominada pavito de agua, vive en arroyos y ríos de bosques. Aunque no sea una garza, tiene una forma parecida, y un pico parecido en forma de arpón para cazar.

Garcita verdosa, América del Norte y Central.
Las garcitas verdosas se quedan petrificadas, como una estatua, mientras esperan a sus presas.

Algunas garcitas verdosas usan el pan para atraer pececitos.

Garcita verdosa

Pescar no es tan fácil como parece. Pero no cabe duda de que las garcitas verdosas son superexpertas. Se quedan plantadas, o agachadas, al lado del agua a esperar. Cuando un pez nada cerca, se lanzan sobre su presa con su pico en forma de daga. Hasta se pueden colgar del revés de una rama para pescar, y, como ven en la oscuridad, también cazan de noche. Sin embargo, el truco que usan para atraer a los peces es un cebo, como los pescadores de caña. Cogen un objeto adecuado que les sirva, una hoja o una pluma, y lo sumergen en el agua. Cuando el pez se acerca a la "comida", estas garzas se los comen a ellos.

Cucaburra

En Australia, puedes oír unas risas sin que haya nadie a tu alrededor. No te asustes: es la cucaburra. Se conoce a esta ave porque se ríe como si fuera una persona. Cuando los polluelos abandonan el nido, se quedan en el territorio de sus padres para ayudarlos con las siguientes crías. A menudo, la familia entera se ríe a carcajadas. Ese coro de risotadas y gritos es su manera de defender el territorio ante otras cucaburras.

Las cucaburras son las aves más grandes de una familia de aves muy colorida: los martines pescadores. Algunos viven en zonas húmedas y cazan peces, pero las cucaburras prefieren los bosques y las granjas, o jardines y parques. Básicamente cazan lagartijas y serpientes. Además, son unas descaradas: les roban a las serpientes los animales que acaban de cazar.

En zonas pobladas, ¡estas aves roban comida de las barbacoas!

Cucaburra, Australia.
Las cucaburras son más grandes que las palomas. Tienen una especie de gancho en la punta del pico.

Nictibio jamaicano

Créeme, no compitas con un nictibio a ver quién ve mejor. Tiene un truco sorprendente: puede contraer las pupilas para revelar un iris amarillo brillante. Como los búhos, es un cazador nocturno, y sus grandes ojos lo ayudan a distinguir insectos sabrosos. Aunque no lo parezca, tienen un pico enorme que, cuando lo abren, es más ancho que su propia cabeza.

Durante el día, el nictibio se sienta en el tocón de un árbol, estira la cabeza y se queda congelado. Se camufla perfectamente con la corteza y parece como si desapareciera. Para completar su disfraz, cierra los ojos, aunque sigue pudiendo ver lo que pasa a su alrededor, ¡ya que tiene unos agujeritos en los párpados!

Se le conoce también como "bruja", por los sonidos que emite de noche.

Nictibio jamaicano, Caribe y América Central. El nictibio puede abrir los ojos como platos para asustar a sus depredadores.

Picamaderos norteamericano

En los bosques de América del Norte, se puede ver un pájaro del tamaño de un cuervo con un pico puntiagudo y una cresta roja como una fresa. Se trata de un picamaderos americano. Persigue hormigas y otros insectos gustosos que se esconden en la madera. Se puede saber por dónde ha pasado, porque deja el tronco de los árboles lleno de agujeros rectangulares. En primavera, repiquetea fuerte en el tronco, golpeándolo 15 veces por segundo. ¡Ese repiqueteo es su manera de cantar!

Aunque los picamaderos golpean fuerte los árboles, no se hacen daño. Los científicos creen que debe ser por los potentes músculos que tienen en el cuello y por la forma de su pico y mandíbula.

Los picamaderos pican contra árboles huecos, ya que así el ruido es mayor.

Picamaderos norteamericano, América del Norte. Emparentado con los pájaros carpinteros, hace agujeros en los árboles para criar; ¡están bastante apretados ahí dentro!

Kiwi moteado menor

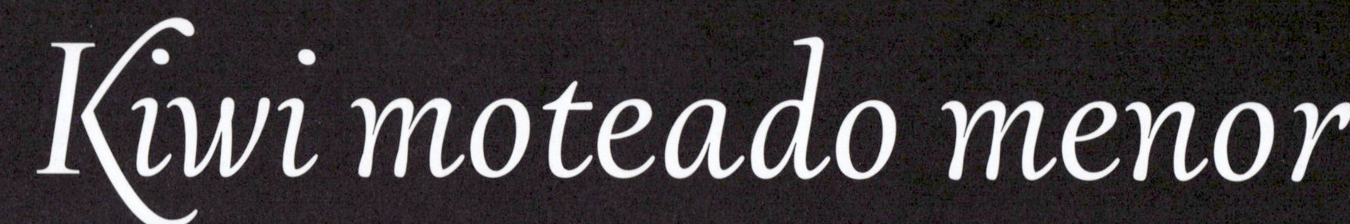

Kiwi moteado menor, Nueva Zelanda.
Los kiwis cazan de noche gusanos y otras presas que habitan en el sotobosque.

En Nueva Zelanda viven muchas criaturas curiosas, incluidos los kiwis. Estas aves peculiares no vuelan y por eso sus alas son tan chiquitas. En vez de volar, corren por el bosque de noche, como si fueran ratas o erizos. Tienen unas plumas lisas y suaves, que parecen cabello. Pero lo más raro de los kiwis es su largo pico. A diferencia de otras aves, los kiwis tienen las fosas nasales en la punta de su largo pico. Eso significa que cuando lo introducen bajo tierra, huelen y sienten los gusanos y otros insectos al instante.

Los kiwis moteados menores habitan, básicamente, en islas sin depredadores. Son igual de extraños que las otras cuatro especies de kiwis, pero en Nueva Zelanda están haciendo muchos esfuerzos para proteger a estas aves especiales.

Se pasan el día resollando, para sacarse los restos de tierra de las fosas nasales.

Pingüino enano

En el mundo existen 18 tipos de pingüinos y estos son, de lejos, los más pequeños. De pie miden unos 30 cm. Como el resto de los pingüinos, no vuelan, porque sus alas han evolucionado en aletas para moverse rápido por el agua. Tienen unas plumas pequeñas, que todas juntas forman una capa espesa que los mantiene calentitos y secos en el mar.

También se denominan pingüinos azules o del hada. Al ser pequeños, tienen muchos depredadores, o sea que solo salen a la orilla tras la puesta de sol, cuando anochece. Sin embargo, no les asusta la gente. Algunos anidan cerca de las ciudades australianas de Melbourne o Sídney. ¿Sabías que una vez encontraron a una cría en una pista del aeropuerto?

Un pingüino enano se puede comer cada día el equivalente a su propio peso en pescado.

Pingüino enano, Australia y Nueva Zelanda. Estos pingüinos rebuznan como un asno para saludar a sus amigos.

El halcón peregrino es el animal más rápido de la Tierra.

Halcón peregrino, todo el mundo, excepto la Antártida. Un halcón peregrino, gracias a su fantástica vista, puede localizar a su presa a 1,5 km.

Halcón peregrino

Desde lo alto del cielo, un halcón peregrino ha salido a cazar. Un montón de aves están en alerta, porque son un manjar para él. El peregrino los distingue volando a media altura; él suele atacar desde más arriba. En cuanto localiza su objetivo, pliega sus alas y se lanza en picado. Puede alcanzar una velocidad alucinante: hasta 390 km/h, más rápido que un coche de carreras.

El halcón peregrino es un ave global. No es solo que viva en seis continentes, sino que además se encuentra en casi cualquier tipo de hábitat. En general, vive en grandes ciudades, donde anida en puentes, catedrales y rascacielos. Esta asombrosa ave incluso se ha vuelto experta cazando de noche, gracias al brillo de los edificios y de las farolas.

Pájaro azúcar de El Cabo

Si quieres observar un pájaro azúcar de El Cabo, lo primero que tienes que buscar es una flor. A estas aves les encanta el néctar, o sea que visitan docenas de flores al día. Sobre todo, buscan unas flores espectaculares llamadas proteas. La punta de su lengua es como un pincel, lo que les ayuda a llevarse el néctar a la boca. Van de aquí para allá para alimentarse, y así trasladan el polen entre flores distintas, con lo que las polinizan.

El pájaro azúcar de El Cabo habita solo en la región de El Cabo, en Sudáfrica. Las laderas soleadas de esta zona tienen una variedad impresionante de flores silvestres, incluyendo las proteas. Cuando florece la protea, es cuando resulta más sencillo encontrar comida y, por lo tanto, cuando deciden formar una familia.

Pájaro azúcar de El Cabo, Sudáfrica.
A los pájaros azúcar les encanta el néctar de las proteas.

Los pájaros azúcar usan su larga cola para mantenerse en equilibrio sobre las flores.

Turaco de Livingstone

El turaco de Livingstone tiene unos colores resplandecientes y una cresta puntiaguda. Como te puedes imaginar, a muchos observadores de aves les encantaría ver esta atractiva ave. Pero no es fácil, porque los turacos son tímidos y viven en densos bosques africanos. En vez de volar, prefieren moverse por las copas de los árboles saltando, como las ardillas, escondiéndose entre las hojas. Apenas bajan al suelo, salvo para beber y bañarse.

Las plumas de turaco tienen algo especial: sus plumas verdes y rojas contienen cobre. El cobre se encuentra en unos pigmentos característicos, que estas aves obtienen de la fruta, su alimento preferido. Según una leyenda popular, el turaco pierde sus espléndidos colores si se moja con la lluvia. Por suerte, no es más que una leyenda.

Los turacos tienen unas patas únicas, con un dedo curvado que les sirve para agarrarse a las ramas.

Turaco de Livingstone, África. Este turaco es principalmente verde y azul, con una espléndida cresta verde con puntitos blancos.

Aguja colipinta, África, Asia, Europa, América del Norte y Oceanía
Se alimentan de gusanos y caracoles que encuentran enterrados bajo la arena de la costa

Aguja colipinta

Estás ante una campeona mundial. ¡Se recorre media Tierra como si nada! La aguja colipinta anida en el Ártico, en la parte más al norte del planeta, pero pasa el invierno a orillas de mares del sur. Para viajar entre lugares tan distantes, recorre distancias larguísimas sin parar (más que cualquier otra ave). ¿Y cómo lo sabemos? Pues porque los científicos les han puesto unas pequeñas anillas que mandan señales sobre su ubicación.

Antes de zarpar, las agujas colipintas comen mucho para engordar; es su gasolina. Así se les desarrollan las plumas del ala y se les fortalecen el corazón y los músculos de vuelo. ¡Listas para emprender un duro viaje!

La aguja colipinta puede volar más de 12 000 km sin parar, durante 11 días.

Petrel de las nieves, Antártida y océano Austral. Los petreles beben agua del mar y filtran la sal a través de unos tubitos que tienen en el pico.

Petrel de las nieves

Entiendes por qué esta ave se llama petrel de las nieves, ¿verdad? Por sus plumas, de un blanco tan puro que parecen de nieve. Pero son mucho más fuertes de lo que parecen. Viven en la Antártida y en el océano Austral, la parte más fría y helada del planeta. Los científicos incluso han visto algunos ejemplares en el Polo Sur, donde apenas se ha registrado vida animal.

El petrel de las nieves aletea por encima del mar helado en busca de comida. La mayoría se alimentan de animales tipo gambas, como muchas ballenas, en realidad. Se posan sobre los icebergs para descansar. Si otra ave se acerca demasiado a su nido, ¡abre el pico para rociar a los intrusos con su vómito anaranjado y apestoso!

Estas aves se revuelcan en la nieve para limpiarse las plumas.

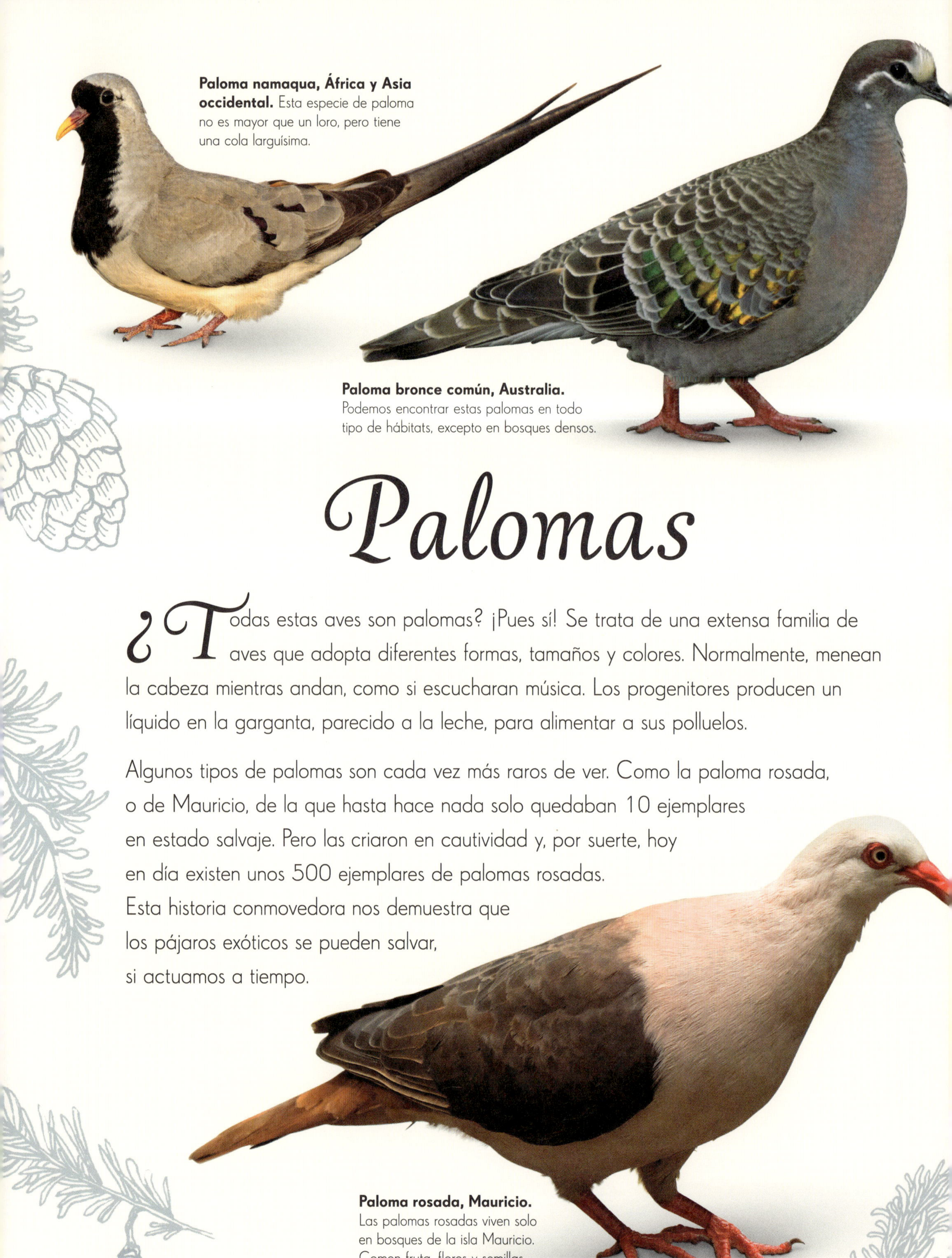

Paloma namaqua, África y Asia occidental. Esta especie de paloma no es mayor que un loro, pero tiene una cola larguísima.

Paloma bronce común, Australia. Podemos encontrar estas palomas en todo tipo de hábitats, excepto en bosques densos.

Palomas

¿Todas estas aves son palomas? ¡Pues sí! Se trata de una extensa familia de aves que adopta diferentes formas, tamaños y colores. Normalmente, menean la cabeza mientras andan, como si escucharan música. Los progenitores producen un líquido en la garganta, parecido a la leche, para alimentar a sus polluelos.

Algunos tipos de palomas son cada vez más raros de ver. Como la paloma rosada, o de Mauricio, de la que hasta hace nada solo quedaban 10 ejemplares en estado salvaje. Pero las criaron en cautividad y, por suerte, hoy en día existen unos 500 ejemplares de palomas rosadas. Esta historia conmovedora nos demuestra que los pájaros exóticos se pueden salvar, si actuamos a tiempo.

Paloma rosada, Mauricio. Las palomas rosadas viven solo en bosques de la isla Mauricio. Comen fruta, flores y semillas.

Las palomas son unas aves muy listas: ¡piensa que les han enseñado a jugar a ping-pong!

Vinago piquigrueso, sudeste asiático. Su largo pico permite a estas palomas alimentarse de fruta, en especial de higos.

Paloma de Nicobar, sudeste asiático. Estas aves deslumbrantes tienen como un "chal" de plumas alrededor del cuello.

Paloma doméstica, todo el mundo. Hoy en día estas aves son habituales en ciudades, pero en origen anidaban en acantilados.

Paloma plumífera, Australia. Los machos y las hembras de esta especie tienen una cresta larga y puntiaguda.

Loro gris

Algunos loros grises terminan un puzle más rápido que una criatura de cinco años.

¿Se oye un coro de gritos estridentes? Eso solo significa una cosa: loros a la vista. Estas aves, extremadamente ruidosas, vuelan por el bosque en bandadas en busca de fruta, frutos secos, flores y otras plantas para comer. Muchos loros son preciosos, con las plumas de todos los colores del arcoíris, pero los loros grises son más sencillos que otras especies. Sin embargo, son excelentes imitadores. En cautividad, los loros grises llegan a copiar el discurso de una persona, y algunos aprenden hasta 150 palabras.

La científica Irene Pepperberg estudió un loro gris, llamado Alex, durante más de 30 años. Descubrió que sabía contar y que reconocía colores y formas. Incluso podía hacer preguntas sencillas. Como le encantaban las cosquillas, ¡solía pedirlas!

Loro gris, África.
Los loros tienen un cerebro muy grande en comparación con su tamaño. Son las aves más listas.

Frailecillo coletudo, Asia y América del Norte. Con su enorme pico y sus plumas elegantes, estas aves son los loros del mar.

Un frailecillo puede llevar hasta 20 peces dentro del pico.

Frailecillo coletudo

Esta ave marina parece que vaya vestida ¡para ir a una fiesta! Tiene el cuerpo completamente negro, con una "máscara" blanca en la cara y unas coletas de plumas doradas en la cabeza. Pero solo tiene este aspecto tan estiloso en el período de reproducción. A finales del verano, cambia estas preciosas plumas por otras negras como el tizón y se le caen los trocitos coloreados que tiene en el pico.

Los frailecillos son aves fuertes que sobreviven a una tormenta en medio del océano. Como los pingüinos, se lanzan al agua para cazar peces, calamares o gambas. Impulsándose con sus potentes alas, "vuelan" bajo el agua. Los frailecillos adultos tienen la misma pareja durante toda la vida. Anidan en costas rocosas e islas, donde crían a un único polluelo suave al año.

Tijereta rosada

Tijereta rosada, América del Norte y Central.
Estas aves acrobáticas dan volteretas hacia atrás en el aire.

En Estados Unidos no hay ninguna otra ave con una cola igual.

Las tijeretas rosadas tienen un arma secreta: ¡su cola! Cuando alzan el vuelo, las largas plumas de la cola se abren como si fueran unas tijeras. Eso las ayuda a dar giros en el aire para cazar insectos voladores. A veces bajan hasta el suelo para cazar saltamontes y escarabajos.

En verano, podemos encontrar estas preciosas aves al sur de Estados Unidos. Les gusta posarse en las cercas de la carretera, para tener una buena perspectiva de sus presas. Las parejas defienden su territorio y no se mezclan con el resto. Si otra tijereta se cuela en su zona, la perseguirán hasta echarla. Después del período de cría, vuelan hacia el sur, hacia América Central, donde pasan el invierno, más templado. En primavera, retornan hacia el norte.

Focha común

Puedes distinguir una focha común por sus extraños pies. Tiene los dedos delanteros hinchados, pero es normal. Esta especie de aletas le sirven para nadar en lagos y estanques y para chapotear en zonas fangosas. En el caso de estas aves acuáticas, estas aletas son como las patas palmeadas de los patos.

También puedes distinguir una focha por la marca blanca y brillante que tiene en la frente. Usa estas zonas sin plumas para reconocerse o para cortejarse. Durante la época de cría, son aves con muy mal humor. Si otra focha se acerca a su nido flotante, no tardarán en atacarla y echarla a patadas.

La focha común da patadas muy fuertes.

Focha común, África, Asia, Europa y Oceanía. Las amplias aletas que tienen en las patas evitan que se hundan en suelos fangosos.

Charrán ártico

El charrán ártico planea sobre el océano durante muchas horas seguidas. Como experto aviador que es, incluso puede volar sobre las olas. Como muchas otras aves marítimas, come peces, que pesca zambulléndose en el agua.

No hay ave más viajera que el charrán ártico. Anida a orillas de los mares del norte del planeta, en el mismísimo Ártico. Después de criar entre uno y tres polluelos, los charranes vuelan hacia el océano Antártico, hasta las costas heladas de la Antártida. Para algunos charranes, el vuelo de retorno puede llegar a ser de 95 000 km. Es como dar la vuelta a la Tierra dos veces y media. Y lo más alucinante: ¡lo hacen cada año!

Charrán ártico, océanos de todo el mundo. El charrán ártico tiene unas alas muy largas pero un cuerpo muy ligero.

Los charranes árticos disfrutan de dos veranos cada año, o sea que no viven nunca el invierno.

Cuco común

El cuco común es un tramposo. No construye un nido ni cría a sus polluelos, sino que engaña a otras aves para que se ocupen ellas de hacerlo. Los cucos hembra ponen su huevo en el nido de otras aves, como en el del carricero común. Sus huevos son idénticos a los de las aves elegidas, de modo que los verdaderos propietarios de los nidos no notan nada raro. Una vez sale del cascarón, la cría de cuco echa al resto de huevos y de crías para hacerse con el hogar. Entonces, los padres postizos alimentan a la cría como si fuera suya.

En el mundo existen muchas especies distintas de cucos, y la mayoría cuidan de sus propias crías.

Cuco común, África, Asia y Europa. En primavera, los machos cantan su característico "cu cu".

Normalmente,
las hembras de cuco ponen
como mínimo diez huevos,
cada uno en un nido diferente,
para que otras aves
los cuiden.

Prinia ventriamarilla

La prinia ventriamarilla no es un ave llamativa —es de color amarillo-verdoso y más pequeña que un gorrión—, pero ¡pone unos huevos preciosos! El color procede de un pigmento rojo. Es uno de los dos pigmentos que, mezclados, producen todos los colores de los huevos.

Jacana común

La jacana común es un ave que camina por el agua que pone sus huevos en un nido que construye entre cañizos. La cáscara amarilla con garabatos oscuros ayuda a camuflar los huevos frente a los depredadores.

Estos garabatos ayudan a romper el contorno del huevo.

Huevos

Los huevos son uno de los objetos más bellos de la naturaleza. Las aves ponen huevos para reproducirse, como algunos reptiles; los dinosaurios, antecesores de las aves, también ponían huevos. Un huevo es el hogar seguro en el que crece un polluelo. La cáscara exterior dura protege a la cría que se está formando, pero también tiene unos agujeritos minúsculos, llamados poros, para dejar entrar el oxígeno. Entre ellos no se parecen en nada: pueden llegar a ser de casi cualquier color y tener formas dibujadas muy intrincadas.

Los huevos del arao son puntiagudos por un extremo.

Pirincho

De la familia de los cucos, se distingue de ellos porque cuida de sus propios huevos y polluelos. Cuando ponen los huevos, tienen un aspecto blanco como la tiza, pero la capa externa se va desconchando para dejar a la vista un precioso tono azul océano.

Arao común

¿Verdad que parece como si alguien hubiera salpicado estos huevos con pintura marrón? Estas marcas serpenteantes son únicas y les sirven a los padres para localizar sus huevos en las grandes colonias donde anidan.

Colibrí de garganta roja

Los colibríes ponen unos de los huevos más pequeños que existen: ¡del tamaño de un guisante! Algunos huevos de colibrí eclosionan en tan solo dos semanas.

Tijereta rosada

Hay muchas aves que ponen huevos con manchas. Los de la tijereta rosada parecen un dálmata. Como en el caso de los que tienen puntitos o una especie de garabatos, estas manchas ayudan a camuflar los huevos en el nido.

Mirlo americano

Es difícil que el huevo azul verdoso del mirlo americano pase desapercibido. Hay muchas especies que ponen huevos azules, color que procede de un pigmento azul llamado biliverdina. Es cierto que el tono azulado sí que puede variar entre huevos.

Avestruz

El avestruz es una de las mayores aves del mundo y sus huevos son los más grandes. El huevo de un avestruz mide unos 15 cm de largo y pesa tanto como ¡24 huevos de gallina!

Halcón sacre

Como los huevos de muchos halcones, los del halcón sacre tienen un patrón de puntitos muy útil para camuflarlos. Esta ave pone los huevos en nidos usados de otros pájaros o en salientes de acantilados.

Martineta común

Los huevos de la martineta tienen una superficie lustrosa; parece casi imposible que un ave los haya creado. Cada especie de martineta pone un huevo de un color distinto, que van del rosa al marrón, pasando por el verde césped.

Charrán blanco

Los charranes blancos son pequeñas aves marinas que crían en islas tropicales. Solo ponen un huevo, pero no construyen un nido; ¡simplemente lo ponen en una rama de árbol! De alguna forma, los charranes adultos se sientan sobre el huevo sin que se caiga. El polluelo, al nacer, tiene que sostenerse con sus zarpas afiladas, si no, se caerá. A veces, ponen los huevos en una roca o en un saliente de una ventana de un edificio. Parece peligroso, es verdad, pero los mantienen alejados de los depredadores del suelo.

El charrán blanco se precipita en picado para cazar peces en el mar y puede transportar varios a la vez para alimentar a sus crías. Si alguna vez vuelan sobre tu cabeza, fíjate que sus alas son tan pálidas que parecen casi translúcidas.

A estas preciosas aves también se las llama gaviotín blanco o espíritu santo.

Charrán blanco, océanos Índico y Pacífico.
Estos charranes ponen sus huevos en algunos lugares muy raros.

Combatiente

Macho Hembra

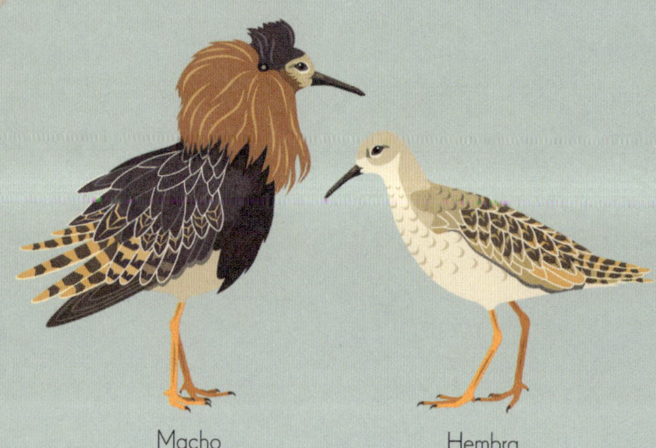

Las hembras de los combatientes crían a sus polluelos solas, sin la ayuda de los machos.

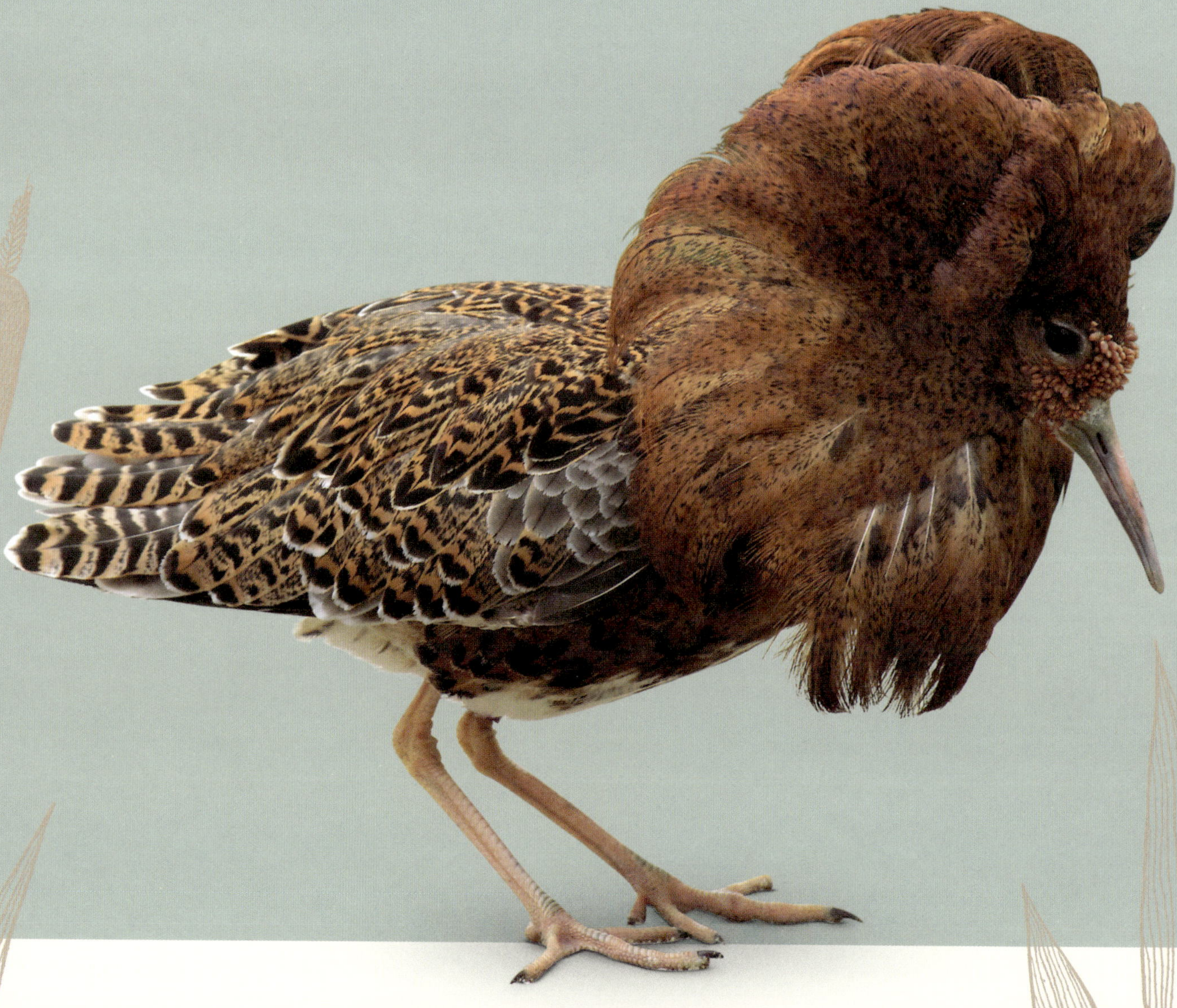

Los combatientes son superpresumidos. Cada primavera, los machos se ponen a bailar juntos en grupos. ¡Parece un concurso de baile! ¿Y por qué se esfuerzan tanto? Pues porque quieren impresionar a las hembras, que se reúnen para observarlos. Solo los mejores bailarines llamarán la atención de las hembras y acabarán formando una pareja.

El combatiente es un tipo de ave de costa, con unas patas largas para andar sobre el agua y un pico largo que puede introducir en el agua, entre la hierba y el barro para conseguir comida. En primavera, cuando están listos para danzar, a los machos les salen unas plumas como faralaes alrededor del cuello y la cabeza, como el cuello de un abrigo elegante del siglo pasado.

Combatiente, África, Asia y Europa.
El color del cuello del macho puede ser blanco, negro, dorado o cobrizo.

Abubilla

Los nombres populares de esta ave intentan reproducir su característico canto (cucut, puput, bubela...), propio del macho para marcar su territorio y atraer a una hembra. Tanto el macho como la hembra tienen una cresta puntiaguda espectacular, de plumas de color melocotón y con las puntas blancas y negras. Cuando la levanta y la despliega es porque está excitada. Cuando vuela, sus alas parecen muy blandas, así que aletean como si fueran mariposas gigantes. Usa su espectacular pico curvado para cazar escarabajos, lagartijas y otras pequeñas presas.

La gente siempre se ha sentido fascinada por las abubillas. Aparecen en las pinturas y en los pictogramas de los antiguos egipcios. También aparecen en textos sagrados musulmanes, judíos y cristianos.

bubilla, África, Asia y Europa.
anto el macho como la hembra
evan comida a sus polluelos.

Si alguien ataca una cría de abubilla, ¡recibirá un chorro de caca en la cara!

Gallito de las rocas

En el amanecer neblinoso de un bosque de América del Sur se oye un estrépito potente. Un grupo de aves naranjas se reúnen en un árbol y chillan como cerditos. Parecen nerviosas, aletean y van saltando de rama en rama. ¿Qué pasa? Se trata de un grupo de gallitos de las rocas, y todos son machos. Cada mañana, se reúnen en el mismo árbol para alardear de sus mejores galas. Las hembras, que son marrones, visitan el árbol para observar y elegir como pareja al mejor actor.

Después, la hembra se adentra en el bosque para criar a la familia por su cuenta. Construyen sus nidos en las rocas, de ahí viene su nombre.

¡El gallito de las rocas macho parece que tenga media mandarina en la cabeza!

Gallito de las rocas, América del Sur.
Los machos tienen una cresta en forma de abanico que oculta su pico.

En otoño, una chara azul puede llegar a esconder hasta 5 000 bellotas.

Chara azul

El color azul de la chara azul es espectacular, ¿verdad? Estas aves tienen un secreto sorprendente: en realidad no son azules, sino marrones. Como el cielo en un día soleado, sus plumas solo nos parecen azules a nosotros, por la forma como dispersan las partículas de luz.

Los bosques son el hábitat principal de las charas azules, pero también podemos encontrarlas en el parque de una ciudad. Sus fuertes chillidos resuenan entre los árboles. Comen un montón de cosas, sobre todo semillas y frutos secos, como bellotas. En otoño, reúnen miles de bellotas y las entierran para comérselas en invierno. Aunque sean aves inteligentes y tengan buena memoria, siempre se olvidan de dónde esconden las bellotas. Las bellotas olvidadas un día se convertirán en un roble, o sea que están contribuyendo a hacer crecer los bosques.

Chara azul, América del Norte.
Las alas de las charas azules tienen un dibujo negro y azul precioso.

Campanero barbudo

Las selvas tropicales pueden ser lugares muy ruidosos. Vayas donde vayas, escucharás los gritos y cantos de muchas aves distintas. Sin embargo, si un macho de campanero barbudo se pone a cantar buscando pareja, desde la rama de un árbol, enseguida lo distinguirás. Son las aves más escandalosas de la Tierra. Existen cuatro especies de campanero, cada una con un sonido distinto. El canto del campanero barbudo macho suena "clonc, clonc, clonc", como una campana.

¿El campanero barbudo macho tiene el pico lleno de gusanos? No, su barba está formada por plumas negras fibrosas. La hembra no tiene ese rasgo tan peculiar, y es de color verde. Además, es mucho más tranquila que el macho; en realidad, casi no emite ningún sonido.

Los machos son más escandalosos que la sirena de un coche de policía.

Campanero barbudo, América del Sur.
A un campanero barbudo macho le sale la "barba" de plumas cuando tiene uno o dos años.

Ganga namaqua

Las gangas llegan a volar 50 km para encontrar agua.

La vida es muy dura en los desiertos y en las llanuras secas y arenosas, pero incluso allí podemos encontrar aves. La ganga namaqua es experta en vivir en condiciones extremas como estas. Cada mañana, se reúnen en bandadas y vuelan un largo camino hasta un charquito o estanque para beber. Después, se dispersan buscando zonas arenosas donde encontrar semillas para alimentarse. Sus plumas de color arenoso combinan con el entorno, que las esconde de las aves rapaces, su peor enemigo.

Cuando son pequeños, los polluelos de ganga no vuelan y enseguida están sedientos. Así pues, los machos adultos hacen algo increíble: después de posarse sobre el agua para remojarse las plumas de la tripa, vuelan hacia el nido y dejan que sus crías les chupen las plumas húmedas para hidratarse.

Ganga namaqua, África. Esta ave poco habitual tiene el cuerpo de una paloma, las patas cortas y una cola puntiaguda.

Los tocororos padre suelen alimentar a sus crías con lagartijas.

Tocororo

A los tocororos les encanta posarse en un árbol, a media altura, y quedarse ahí sentados a ver pasar el mundo. Cuando se mueven, se mezclan con el fondo del bosque donde viven y es como si desaparecieran. Pero cuando consigues distinguirlos, sus preciosas plumas son un regalo para la vista.

Existen unos 40 tipos diferentes de tocororo, y todos viven en selvas tropicales. Es un ave endémica de Cuba. Recibe su nombre por su curioso canto: "tó-coro". Se alimenta de frutos, flores e insectos. Anida en un hueco del tronco de un árbol. Normalmente, ocupa uno de los que haya hecho un pájaro carpintero, lo que es mucho más fácil que ponerse a abrir su propio agujero.

Tocororo, Cuba.
Los tocororos macho abren el pico, extienden las alas y la cola, en una postura amenazadora, para defender su posición.

Chorlo gritón

Como su nombre indica, sus gritos son muy reconocibles en gran parte de América del Norte, donde habita. Pertenece a un grupo de aves conocido como aves de costa, y como sus parientes tiene las patas largas para poder andar por el agua —aunque a veces viva lejos de ella—. Podemos encontrarlo donde haya un suelo herboso y pedregoso, incluso al lado de la carretera o en aeropuertos, aparcamientos o edificios.

Si un depredador, como un zorro, se acerca demasiado al nido de un chorlo gritón, esta ave lo engañará: aleteará por el suelo y el depredador seguirá avanzando, pensando que el chorlo "herido" será una presa fácil. Entonces, de repente, el astuto chorlo volverá a su nido, dejando al depredador confundido y con las manos vacías.

Al chorlo gritón no le asusta la gente y puede llegar a ser muy manso.

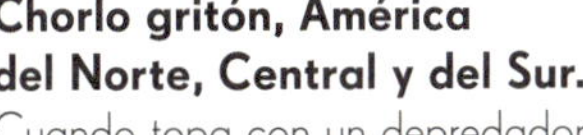

Chorlo gritón, América del Norte, Central y del Sur. Cuando topa con un depredador, el chorlo retuerce las alas como si se las hubiera roto.

Pergolero flamígero

Los pergoleros son muy buenos arquitectos.

Las aves se esfuerzan mucho para atraer a una pareja. Muchos cantan o extienden sus bonitas alas. Otros bailan y otros realizan espléndidas actuaciones de vuelo. El pergolero macho impresiona a la hembra con sus habilidades de construcción. Vive en bosques, donde elabora estructuras, una especie de pérgolas, con ramas y hojas. El pergolero decora sus obras de arte con flores, bayas, alas de escarabajo o conchas de caracol.

Para construir su "pérgola", el macho construye dos paredes lisas de ramas. La abertura entre ambas es como una avenida, por la que él se pavonea, como si estuviera desfilando. Sin embargo, la hembra es muy exigente. Se paseará por las pérgolas de diferentes machos hasta elegir la que más le guste.

Pergolero flamígero, Nueva Guinea.
Las glamurosas plumas del pergolero flamígero son mucho más espectaculares en directo.

Saltarín colilargo

Cuando no bailan, los saltarines son aves tímidas.

Saltarín colilargo, América Central.
Los saltarines colilargos macho tienen un par de plumas larguísimas en la cola. Las hembras son verdes y tienen una cola corta.

Pocas aves bailan tan bien como los saltarines. Son los machos los que bailan, y lo hacen para atraer a las hembras. Los machos bailan juntos, como un equipo. Su "pista de baile" es una rama horizontal, grande. Sobre ella, realizan varias rutinas, incluyendo un baile "del revés". Empieza uno, que se impulsa hacia arriba y regresa aleteando, y entonces se lanza el siguiente, y así sucesivamente. Además, cantan todos a la vez y se suben unos sobre otros para intercambiarse el sitio. Los saltarines se pasan cinco años, como mínimo, practicando estos movimientos de baile conjuntos.

Estornino pinto

Los estorninos vuelan en bandadas de forma muy coordinada.

¿Alguna vez te ha parecido escuchar un teléfono sonando en lo alto de un árbol? Pues, ¡debía ser un estornino! Estas aves inteligentes imitan todo tipo de sonidos, incluyendo tonos de llamada, herramientas o los de otras aves. Como buenos compositores, mezclan estos sonidos con sus propios silbidos.

En tardes hibernales, los estorninos se reúnen para anidar. Podemos ver bandadas inmensas de estorninos en el cielo antes de que paren a descansar por la noche. Vuelan muy juntos y cambian de dirección a la vez, con lo que es complicado que las aves rapaces los cacen. Al girar, la bandada de estorninos dibuja en el cielo formas increíbles. Y piensa que nunca chocan entre ellos. Hasta un millón de aves se mueve a la vez, como una criatura gigante.

Estornino pinto o común, África, Asia y Europa. Cuando estas aves cambian de dirección, todas al unísono, dibujan en el cielo nubes compactas o tirabuzones.

Cuervo común

Los cuervos son aves acrobáticas. Tienen unas alas extensas que les permiten alzar el vuelo rápido si perciben un peligro y cambiar de dirección deprisa. En las puntas de las alas tienen unas ranuras que los ayudan a aprovechar corrientes de aire.

Las cigüeñas tienen plumas en forma de dedos en la punta de las alas.

Carraca india

Las carracas indias son famosas por los vuelos enérgicos que realizan los machos para impresionar a las hembras. Durante el período de cortejo, parece que den volteretas en el aire. Esperan hasta localizar una presa antes de bajar en picado a cazarla.

Cigüeña blanca

Las cigüeñas tienen unas alas anchas enormes. Se mueven alternando aleteos lentos y planeos en el aire. Las plumas de las puntas de sus alas se extienden como si fueran dedos para aprovechar las corrientes de aire cálidas ascendentes.

Cuando despliegan sus alas, las carracas dejan a la vista unas plumas azules brillantes y turquesas.

Alas

Todas las especies de ave tienen alas, aunque no todas vuelen. La forma del ala se adapta a su estilo de vida concreto: desde las alas largas y fuertes de los albatros, que les permiten recorrer la distancia equivalente a dos vueltas al planeta sin aterrizar, hasta las alas pesadas de los pingüinos, que los ayudan a sumergirse hasta 450 m en el océano. Observando la forma de las alas de un ave, podemos adivinar sin equivocarnos demasiado el tiempo que se pasa en el aire.

Albatros de ceja negra

Los albatros tienen unas alas muy largas, perfectas para planear a lo largo de distancias enormes. Aprovechan las corrientes de aire ascendentes de las olas y así casi no necesitan mover las alas. La forma de sus alas les ayuda a recorrer grandes distancias gastando muy poca energía.

Vencejo del Pacífico

La forma del vencejo del Pacífico recuerda un avión de reacción. Dibuja zigzags en el aire usando sus alas curvadas y estrechas, y baja en picado para cazar insectos. Como el resto de los vencejos, esta ave raras veces toca tierra; incluso duerme volando.

Colibrí cola rojiza

Aunque pequeños, los colibríes son expertos voladores. Mueven las alas dibujando formas de ocho, en vez de moverse arriba y abajo, lo que les permite moverse en el aire continuamente. Suelen planear, pero incluso ¡vuelan del revés o hacia atrás!

Lechuza común

Las lechuzas confían en el elemento sorpresa para conseguir comida. Tienen unas alas diseñadas para batir de forma silenciosa, de modo que sus presas no las perciben. Las plumas que tienen en la parte posterior de las alas tienen unos flecos suaves, que amortiguan el ruido del aire al pasar.

Pingüino emperador

Los pingüinos pesan demasiado para volar, pero sus alas largas y finas son perfectas para deslizarse sobre el agua, imitando lo que harían volando en el cielo. Al sumergirse en el agua, baten las alas para nadar, pero su grueso abrigo de plumas impermeables los mantiene secos.

Cardenal norteño

Estas preciosas aves son rojísimas. Incluso tienen el pico rojo. Pero solo los machos. Las hembras tienen un plumaje pardo grisáceo, con reflejos rosados, que les sirve para esconderse cuando anidan. ¿Y por qué se llaman así? Su nombre hace referencia a los cardenales de la Iglesia católica, que llevan hábitos rojos con capucha.

Estas aves alegran los parques y jardines de las ciudades; incluso visitan los comederos para aves instalados por personas. Las pipas de girasol son su comida preferida. En primavera, el macho se sitúa pico con pico con la hembra y la obsequia con comida. Las parejas silban a dúo, un sonido precioso que fortalece su relación.

Esta ave es abundante en Estados Unidos, donde es el símbolo nacional de varios estados y la mascota de muchos equipos deportivos.

Cardenal norteño, América del Norte. La mayoría de los machos tienen las plumas de color rojo brillante —excepto alrededor del pico, que son negras—; por eso también se llaman cardenal rojo.

Pita bulliciosa

Estas aves son muy escandalosas, es verdad. Durante medio año, sus fuertes silbidos resuenan en los bosques, día y noche. Durante el otro medio, se quedan en silencio. Las pitas se mueven a saltitos por el suelo del bosque en busca de caracoles, escarabajos y gusanos que encuentran entre las hojas caídas. A menudo, tienen una roca favorita donde machacan los caracoles para romperles el cascarón y comerse el interior jugoso. Cubren sus nidos con cacas de ualabí, un tipo de canguro pequeño. Es un poco asqueroso, pero es una defensa inteligente frente a las serpientes. Cuanto más apesta la caca, más difícil es que la serpiente encuentre el nido.

¡El nombre de estas aves no tiene nada que ver con el pan de pita! En una de las lenguas indias significa "pájaro pequeño".

Pita bulliciosa, Oceanía.
Las pitas tienen una cola tan corta que casi parece que no la tengan.

Tanto los machos como las hembras de las pitas bulliciosas son igual de coloridos.

Mirlo acuático europeo

Algunos mirlos acuáticos construyen sus nidos detrás de una cascada.

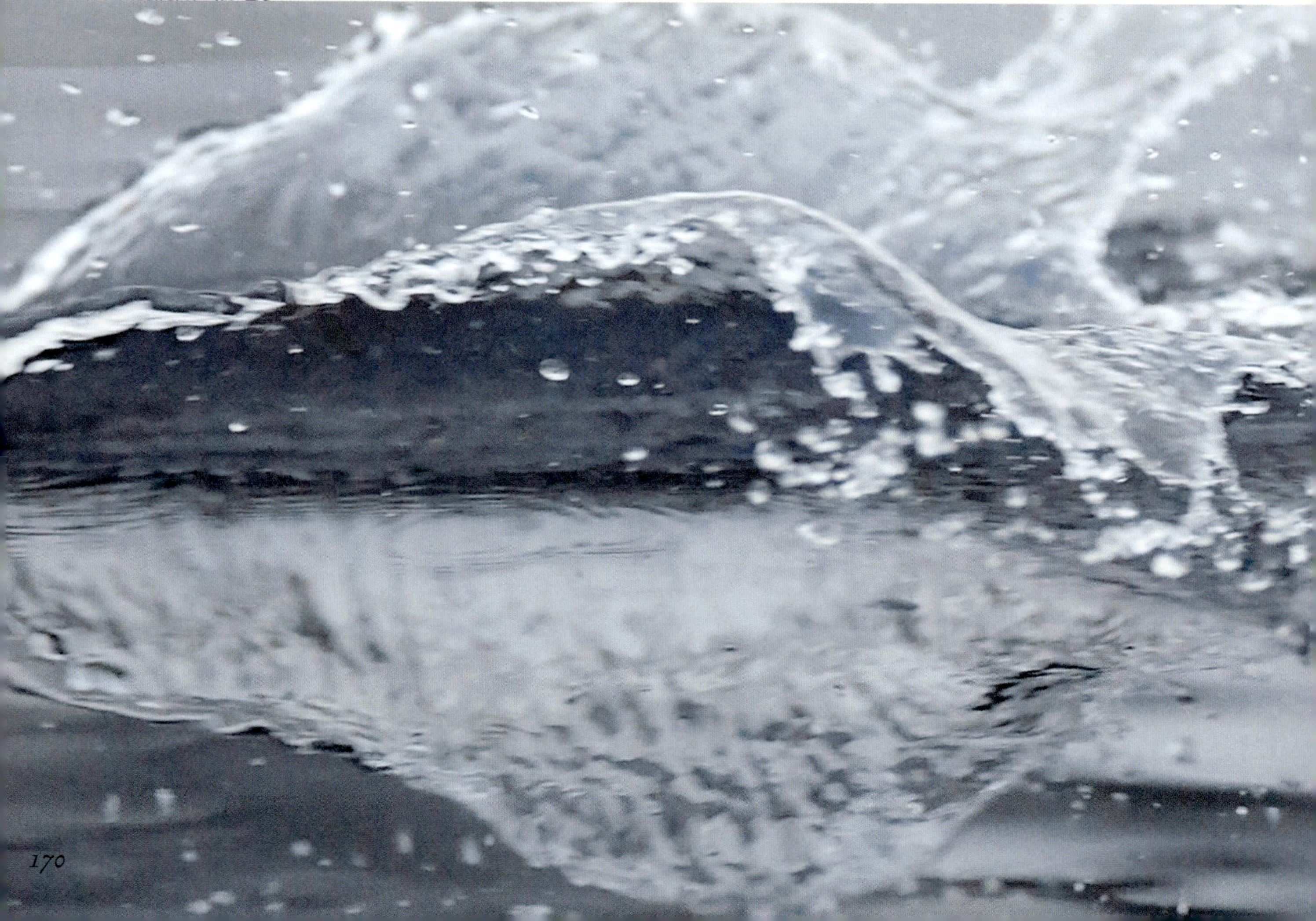

¿Te imaginas que pudieras andar bajo el agua? ¡Pues esta ave sabe hacerlo! El mirlo acuático europeo vive alrededor de ríos de montaña y cascadas. Como por arte de magia, se posa en una roca al lado de un torrente de agua, se mete dentro y desaparece. Bucea hasta el lecho pedregoso del río. Anda entre las rocas buscando insectos acuáticos, pequeños crustáceos y otras presas. También nada bajo el agua, batiendo las alas para impulsarse.

El mirlo tiene el cuerpo redondo, del tamaño de una naranja. Es la única ave tan pequeña que anda y nada debajo del agua. Una curiosidad: tiene la extraña costumbre de sentarse en una roca y meter y sacar la cabeza del agua 50 veces en un minuto.

Mirlo acuático europeo, Asia y Europa. Con el zumbido de sus alas, los mirlos corren a toda velocidad sobre el agua.

Ampelis europeo, Asia, Europa y América del Norte. Estas aves acrobáticas usan sus alas y su cola para mantener el equilibrio.

Ampelis europeo

Un ligero silbido nos indica que tenemos un ampelis cerca. Estas preciosas aves tienen el cuerpo de color melocotón y una cresta puntiaguda. En verano, viven en bosques de pinos del norte del mundo, donde cazan moscas para comer. Pero en invierno las cambian por frutos. Algunos años, los árboles de estos mismos bosques no producen tantos frutos, así que, hambrientos, los ampelis vuelan hacia el sur. Suelen dirigirse a zonas urbanas, donde se los ha visto a veces comiendo de arbustos de la calle. Ni se inmutan por el tráfico y el ruido. Algunas de las plumas de sus alas desarrollan una cobertura roja cerosa en la punta, que podría ser una señal de que ya son completamente adultos.

Un ampelis europeo se come más de 800 bayas en un día.

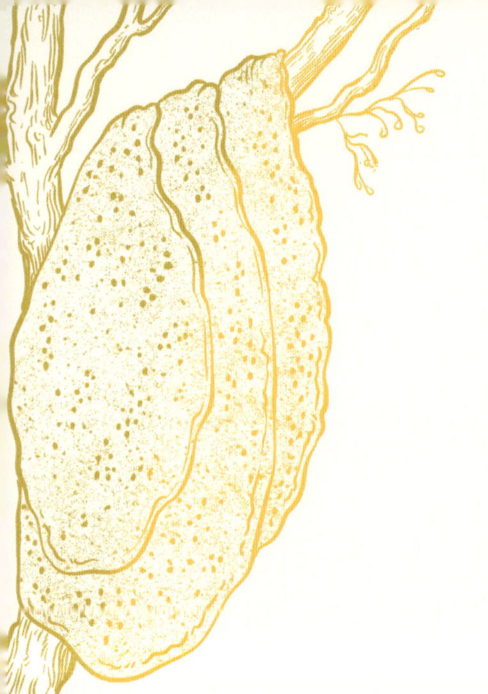

Indicador grande

Una colmena puede ser un festín. Sin embargo, incluso para un ave tan pequeña como el indicador es difícil colarse dentro. Así que pide ayuda. Lanza un grito especial que atrae al tejón de la miel, un mamífero, y lo lleva hasta un nido. Con su potente zarpa, el tejón destroza la colmena y ambos animales comparten la comida. El indicador se come las larvas de abeja y también la cera de la que está hecha la colmena. ¡Eso sí que es trabajar en equipo!

En partes de África, esta ave colabora estrechamente con la gente, algo bastante inusual. A través de unos silbidos, indica a las personas el camino hacia sus nidos llenos de miel.

Los indicadores grandes son las únicas aves que se alimentan de cera de abeja, ¡pero han de tener cuidado con las picaduras!

Indicador grande, África.
Esta ave tiene una piel muy gruesa para protegerse de las picaduras de abeja.

Periquito australiano

En Australia, puedes contemplar bandadas de aves verdes y amarillas volando por el cielo. Se trata de unos periquitos, loros pequeños con una larga cola. Su hábitat originario son lugares cálidos y secos, y vuelan largas distancias para encontrar agua y semillas. Cuando acaba lloviendo, aparecen numerosos periquitos de todas partes. La lluvia hace crecer las plantas, lo que significa que habrá un montón de comida disponible.

Los periquitos son una de las mascotas más populares del mundo. Existen de muchos colores, desde el azul claro hasta el violeta. Tienen un canto alegre, aunque son conocidos porque aprenden a hablar imitando a las personas que tienen cerca.

Las bandadas de periquitos pueden llegar a ser enormes y componerse de miles de aves.

Periquito australiano, Australia.
Los periquitos anidan en huecos de los árboles. Varias parejas pueden compartir el mismo árbol.

Un chotacabras hibernando se queda tan frío y quieto como una piedra.

Chotacabras pachacua

Algunas criaturas duermen todo el invierno hasta que vuelve el buen tiempo. Este proceso se llama hibernar. Osos, murciélagos y muchos otros animales hibernan, pero solo hay un ave que hiberne: el chotacabras pachacua, que lo hace durante meses. Cuando llega el invierno, se esconde entre las rocas y su temperatura corporal desciende hasta los 5 ºC. Su pulso se ralentiza y apenas parece que respire. Por eso el pueblo hopi, de América del Norte, lo llaman "el ave durmiente".

El chotacabras pachacua es un ave nocturna que revolotea por el cielo oscuro como si fuera una inmensa polilla, buscando insectos. De día, descansa en el suelo. Emite un canto muy peculiar.

Chotacabras pachacua, América del Norte. Sus plumas marrones y grises le sirven para camuflarse en el suelo.

Abejaruco chico

A los abejarucos chicos les encanta acurrucarse bien juntos. Cuando se posan sobre una rama, se mueven hasta colocarse unos junto a otros. Es habitual ver bandadas de abejarucos chicos en África. Suelen vivir cerca de ríos y praderas. Construyen los nidos en bancos de arena.

Como su nombre indica, estas aves comen abejas, pero también cazan avispas. Planean, se elevan y bajan en picado para atrapar a sus presas, a las que golpean contra las ramas y luego las estrujan. Así, las matan y se deshacen del aguijón, de modo que no es peligroso tragárselas. De media, cazan una abeja o una avispa cada cinco minutos.

Abejaruco chico, África.
Los grupos de abejarucos se colocan en fila, todos mirando hacia el mismo lado.

De noche,
los abejarucos duermen apiñados,
para mantener el calor.

Vencejo común

Las patas del vencejo son tan chiquitinas que apenas se ven.

Vencejo común, África, Asia y Europa. Amos y señores del cielo, pueden permanecer en el aire durante 10 meses seguidos.

Durante las noches de verano, los vencejos revolotean entre los tejados, como si hicieran una carrera. Tienen unas alas largas y curvadas, la forma perfecta para volar rápido. Piensa que pueden alcanzar los 110 km/h, por eso se la considera una de las aves más rápidas del mundo.

Los vencejos cazan insectos en el aire, volando con la boca abierta. También beben y se bañan volando, metiéndose en el agua. ¡E incluso duermen en el aire! Se cree que vuelan muy arriba y luego se echan una siestecita mientras planean dibujando círculos. Pero tienen que aterrizar para reproducirse. Construyen sus nidos en edificios, bajo el tejado, o en nidos hechos por personas. Después de pasar el verano en Europa y Asia, vuelan hacia el sur, a África, y regresan al norte en primavera.

Casuario común o austral

Si miras este par de patas, seguro que las confundes con las de un Tyrannosaurus, pero no, pertenecen a un casuario común. Esta enorme ave no vuela, pero puede defenderse de sus depredadores con una patada letal.

La larga garra interna del pie de un casuario es un arma afilada.

Lagópodo común

El lagópodo común vive en las heladas regiones del norte donde en invierno nieva intensamente. A diferencia de la mayoría de las aves, tiene plumas que le cubren las patas y los pies. El plumaje lo ayuda a mantener las patas calentitas y sus pies se convierten en una especie de raquetas, para no hundirse en la nieve.

Pigargo vocinglero

Las aves rapaces tienen patas con dedos enormes y afilados, unas garras curvadas. Este tipo de pata está pensado para agarrar fuerte a la presa. El pigargo vocinglero tiene una garra extralarga para que no se le escurran los peces.

Playerito blanco

La mayoría de las aves tienen cuatro dedos: tres apuntando hacia delante y uno hacia atrás, pero el playerito blanco no. Esta ave ha perdido el que mira hacia atrás de tanto correr por la orilla del mar, ya que no necesita agarrarse a las ramas.

Ánade real

Los patos, como el ánade real o pato de collar, se pasan la vida remando en el agua. Tienen las patas palmeadas, de modo que son como unas aletas, como las de los submarinistas. Con esta forma se impulsan fácilmente dentro del agua.

Los patos tienen unas patas palmeadas que los ayudan a nadar.

Cacatúa de moño amarillo

Todos los loros, incluyendo las cacatúas, se pasan muchas horas andando sobre las ramas. Por eso, sus patas están diseñadas para agarrarse: tienen forma de pinza, dos dedos que apuntan hacia delante y otros dos hacia atrás. Estas patas también son ideales para agarrar la comida.

Jacana común

El premio al ave con los dedos más largos es para la jacana común. Esta ave vive en pantanales, por donde se pasea sobre plantas acuáticas flotantes, como los lirios de agua, así que necesita unos dedos bien separados entre sí para mantenerse estable.

Patas

Las patas de las aves ¿no te recuerdan a los pies escamosos y con garras de sus antecesores, los dinosaurios? Como no tienen manos, suelen usar las patas para coger un objeto o para rascarse una picadura. Las patas de un ave, como sus alas y picos, nos cuentan mucho de cómo vive. Unas garras afiladas apuntan a un ave rapaz que tiene que buscarse la comida, mientras que unas patas palmeadas indican que se pasan el día remando en el agua. ¡Algunas aves incluso usan sus patas para conquistar a sus parejas!

Agateador norteño

El agateador es un ave parecida a un ratón que corre por los árboles buscando insectos para comer. Tiene unos dedos muy delgados pero muy largos y unas garras curvadas que lo ayudan a agarrarse. Se sujeta tan fuerte que puede andar por la parte inferior de las ramas.

Ave del paraíso republicana

Hace tiempo la gente pensaba que las aves del paraíso vivían en el cielo y que flotaban entre las nubes. De ahí procede su nombre, pero, en realidad, esta ave espectacular vive en la selva. El macho es una de las aves más coloridas de la Tierra. Y sus elegantes colores le sirven, por supuesto, para atraer a las hembras. Pero antes de iniciar el cortejo, limpia un poco. Barre las hojas de un trocito del suelo para que las hembras tengan mejores vistas. Entonces, "sale a escena" y retuerce las dos largas plumas de su cola para que brillen. Al mismo tiempo, emite un canto que suena como la alarma de un coche.

Ave del paraíso republicana, Indonesia.
El macho de esta especie tiene una corona turquesa en la parte posterior de la cabeza y unas plumas rizadas en la cola, como un bigote.

Esta ave tiene
incluso la boca colorida:
¡es verde por dentro!

Gorrión común

Gorrión común, todo el mundo, excepto la Antártida. Los gorriones adultos siguen cuidando de los jóvenes cuando abandonan el nido.

Hace miles de años, los gorriones comunes vivían solo en Europa y en el oeste de Asia. Pero les gusta tanto vivir cerca de la gente que se han extendido por todo el mundo. Hoy en día, crecen en todos los continentes, excepto en la Antártida. Estos alegres pajarillos anidan en nuestros edificios y encuentran alimento por los campos y en los alrededores de pueblos y ciudades. Alguna vez se los ha visto ¡en la planta 80 de un rascacielos de Nueva York!

El gorrión macho tiene una mancha negra en la garganta. Actúa a modo de placa para demostrar a las hembras lo fuerte que es. Cuanto más oscura sea, más en forma demuestra estar. Estas aves suelen revolcarse entre la porquería. Te lo creas o no, estos "baños de suciedad" sirven para ¡tener las plumas limpias!

El canto del gorrión es uno de los más habituales del mundo; ¡seguro que lo reconoces!

Pinzón carpintero, islas Galápagos. El pinzón es famoso por su capacidad de usar una ramita como herramienta.

Pinzón carpintero

Lejos del continente, en las islas Galápagos habitan muchos animales especiales que no se encuentran en ningún otro lugar. Uno de ellos es el pinzón carpintero. Y tiene una habilidad increíble. Elige una ramita, se la hace a medida, la sostiene con el pico como si fuera una lanza y luego la introduce en los agujeritos de las ramas. ¿Y para qué lo hace? Pues para conseguir comida. Con la ayuda de esta herramienta, extrae larvas jugosas de insectos de la madera, a las que no podría acceder de otro modo.

Las personas usamos herramientas a diario, pero las aves no. Aparte del pinzón, los loros y los cuervos también tienen esta peculiar habilidad.

El pinzón a veces arranca la púa de un cactus para usarla como herramienta.

Tejedor republicano

Los mayores nidos del mundo no los construyen aves grandiosas. Pertenecen a unos pajarillos del tamaño de un loro: los tejedores republicanos. Sus nidos a base de ramas pueden ser más grandes que una caseta de jardín y ¡pesar más que una vaca! Las parejas colaboran entre ellas para construir un nido conjunto, en un árbol o en un poste de teléfono. Si uno no trabaja mucho, el resto lo regaña. El grosor de las paredes del nido los protege de depredadores y del sol ardiente.

Dentro de la estructura, cada pareja tiene su propia habitación. Todo tipo de aves, como halcones y búhos, pueden colarse dentro. Imagínate lo lleno que puede estar este supernido.

Algunos nidos de tejedor tienen unos cien años.

Tejedor republicano, África.
Un único nido puede ser el hogar de varios centenares de parejas de tejedores. Cada pareja entra en su parte del nido por su propia entrada.

La hembra de mito común pone hasta 12 huevos con puntitos.

Mito común

Estas preciosas aves tienen el cuerpo redondo y una cola muy larga; ¿no te recuerdan a una piruleta? Siempre están en movimiento, como si llegaran tarde. Se pueden ver revoloteando por bosques y jardines como pequeños acróbatas. Buscan orugas, arañas y otras pequeñas presas por debajo de ramitas.

A inicios de primavera, el macho y la hembra construyen un nido asombroso con musgo y telarañas. Parece un coco peludo, con un tejado en forma de cúpula y una entrada en un lado. La pareja se prepara un nido confortable con centenares de plumas para mantener calentitos a los polluelos. Criarlos es difícil, pero a los padres les suelen ayudar sus compañeros, que se convierten en los tíos y tías de las crías.

Mito común, Asia y Europa. Los nidos de esta ave son elásticos, así que se van agrandando para que quepan las crías a medida que crecen.

En varios países, el petirrojo europeo es símbolo de Navidad.

Petirrojo europeo

A muchos pajaritos del mundo los llaman "petirrojos", pero, aunque tengan el mismo nombre, no son familia. Es habitual distinguir a petirrojos europeos en bosques y parques, ya que es una especie bastante domesticada. Suelen seguir a los jardineros, para comerse los gusanos que encuentran al remover la tierra.

El petirrojo europeo canta todo el año, incluso en pleno invierno. En algunos pueblos y ciudades, se le puede oír cantando de noche. Quizá cantan de noche por la tranquilidad que se respira en el ambiente o porque las farolas los confunden y creen que es de día. Es una especie famosa por construir nidos en sitios peculiares, ¡como el bolsillo de un abrigo, un buzón o el capó de un coche!

Petirrojo europeo, África, Asia y Europa.
Cuando hace frío, el petirrojo europeo se ahueca las alas para mantener el calor.

Mochuelo duende, América del Norte. Los cactus altos les ofrecen un hogar seguro, a pesar de los pinchos.

Mochuelo duende

¡Los mochuelos duende son más pequeños que los loros! Pero tienen un pico y unas garras afilados, de modo que son más feroces de lo que parecen. Viven en desiertos y cazan de noche, gracias a su increíble oído y visión nocturna. Básicamente, cazan criaturas pequeñas como polillas, escarabajos y arañas. También saben enfrentarse a escorpiones, cuyas picaduras venenosas pueden ser peligrosas. Primero, les arrancan el aguijón para desarmarlos y luego se los tragan enteros.

Estos búhos no se construyen ellos sus nidos, sino que se meten en las cavidades hechas antes por algún carpintero en un árbol o cactus. Los padres son aves ruidosas, parecen cachorros aullando.

El mochuelo duende es la especie de búho más pequeña del mundo.

ʻIʻiwi

Al oeste de América del Norte, lejos del océano Pacífico, encontramos las islas de Hawái. En ellas habitan aves preciosas que no se ven en ningún otro lugar. Una es el ʻiʻiwi. Esta ave pequeña, roja y negra, vive en selvas húmedas. Se posa sobre las flores e introduce su curvado pico dentro para obtener el néctar. Le gusta especialmente un árbol que tiene flores rojas colgantes. Si se topa con uno de estos árboles, lo vigila, para quedarse con todo el néctar.

El ʻiʻiwi pertenece a una familia de aves llamada trepadores de miel, que solo se encuentra en Hawái. Cada especie de la familia tiene un pico distinto, que encaja con lo que comen. Algunos son robustos, mientras que otros son puntiagudos o curvados.

El ʻiʻiwi se sienta bajo la lluvia para lavarse las plumas.

ʻIʻiwi, Hawái.
El pico curvado del ʻiʻiwi encaja perfectamente dentro de las flores.

Ratona australiana azul

La ratona australiana azul es una de las aves más queridas de Australia. El macho tiene la cabeza de color azul, que brilla cuando se mueve. La hembra es básicamente marrón, pero, como el macho, tiene las patas largas y una cola larga y respingona. Por algún motivo, siempre la tienen levantada. Vive en arbustos y parques, y salta al suelo para cazar insectos.

Muchos científicos han estudiado las ratonas australianas azules porque tienen una vida familiar muy interesante. Cuando el macho y la hembra forman una pareja para reproducirse, cuentan con la ayuda de siete ratonas más. También se ha descubierto que emiten unos 20 cantos distintos, cada uno para una cosa diferente. Incluso tienen distintas personalidades. Algunas son valientes, mientras que otras son más bien tímidas.

Los machos les regalan pétalos amarillos a sus parejas.

Ratona australiana azul, Australia.
Estas aves viven en grupo.

Martín pescador oriental

Vemos pasar una mancha de color. Cuando se posa en una rama, podemos admirar sus plumas preciosas como una joya y su pico rojo vivo. Esta ave veloz es un martín pescador oriental. Vive en selvas tropicales, normalmente al lado de corrientes de agua. Como otros martines pescadores, espera sobre el agua hasta ver un pez. Entonces, más rápida que una centella, esta ave se zambulle a cazar a su presa. Aparte de peces, también caza ranas e insectos grandes de la selva. A veces, ¡incluso es capaz de arrancar insectos de una telaraña!

Existen muchas historias y mitos sobre los martines pescadores. En la antigua Grecia creían que estas aves tenían poderes mágicos sobre el mar y que podían calmar las aguas, para anidar sobre la superficie.

El martín pescador se zambulle en el agua casi sin salpicar.

Martín pescador oriental, Asia.
El martín pescador oriental caza peces y otras presas con su superpico en forma de daga.

Sastrecillo común, Asia.
El nido calentito de un sastrecillo combina telarañas, hierbas y otro tipo de plantas.

Sastrecillo común

Los nidos de las aves pueden ser auténticas obras de arte. El sastrecillo común, una pequeña ave inquieta del sudeste asiático, construye uno de los más espectaculares. Y es la hembra la que se encarga de todo el trabajo. Elige una hoja bonita y resistente de un árbol o arbusto. Luego, ayudándose con las patas, la dobla para darle forma de cuenco. Y va haciendo agujeritos alrededor del exterior de la hoja con su pico afilado. Por último, usa el pico como una aguja y pasa la fibra de algún árbol o la seda de alguna araña para unir los agujeros. Así consigue remachar la hoja. Por eso se llaman así: ¡saben coser!

El sastrecillo usa unas 200 puntadas para construir su nido.

Cartacuba, Cuba.
El macho y la hembra tienen el mismo aspecto, así que no es fácil distinguirlos.

Las cartacubas son más pequeñas que una pelota de tenis, y mucho más coloridas.

Cartacuba

Estas miniaves parecen pintadas con pincel de lo vivos que son sus colores. No existe ninguna otra ave con esta inusual mezcla de plumas verdes, rojas, azules y rosas. Existen cinco tipos, y todas viven en islas caribeñas, en especial en Cuba.

A pesar de su aspecto deslumbrante, las cartacubas no son fáciles de ver. Les gusta sentarse muy quietas en los bosques donde viven, por lo que es fácil que nos pasen desapercibidas. Sin embargo, si un insecto vuela cerca de ellas, se lanzan a cazarlo. Alimentan a sus crías con 140 insectos al día, ¡imagínate qué trajín llevan!

Colibrí morado, América Central.
Gracias a su pico curvado, esta especie se alimenta de flores con forma de campana.

Colibrí cola rojiza, América Central.
Los comederos con agua con azúcar de los parques suelen atraer a este colibrí.

Colibríes

Colibrí zunzuncito, Cuba.
Esta minúscula ave construye un nido del ¡tamaño del tapón de una botella!

Colibrí de Ana, América del Norte.
La cabeza y el pecho rosas del macho del colibrí de Ana son iridiscentes.

Colibrí cola de hoja, norte de América del Sur.
El macho de esta especie luce su preciosa cola durante la fase de cortejo.

Coqueta adornada, norte de América del Sur. El macho de la coqueta adornada tiene una cresta tupida y unas largas plumas de color canela alrededor del cuello.

Colibrí rufo, América del Norte. Esta pequeña especie recorre volando 1 500 km entre su casa de verano y la de invierno.

Los colibríes son las únicas aves capaces de volar hacia atrás.

Colibrí picoespada, noroeste de América del Sur. ¡Menudo pico! No hay ninguna otra ave que tenga el pico más largo que el cuerpo. ¡Increíble!

Los colibríes son las hadas del reino de las aves. Son pequeños, brillantes y revolotean por el bosque. ¡El colibrí zunzuncito es el ave más pequeña del mundo! Mientras corretea de aquí para allá, cuesta seguirle la pista. Bate las alas 200 veces por segundo, movimiento que provoca el zumbido que tanto los caracteriza. Para llevar una vida tan activa, usa cantidades ingentes de energía. De modo que se pasa todo el día de flor en flor, sorbiendo su dulce néctar.

Todos los colibríes habitan en América del Norte, Central y del Sur. A pesar de que la mayoría se encuentran en bosques, algunas bandadas viven en parques, donde la gente cuelga comederos con agua con azúcar para atraerlos.

Pingüinos

Los pingüinos se reconocen al instante por sus cuerpos rollizos y negros y sus plumas blancas. Este grupo de aves se ha adaptado a la vida de cazar debajo del mar. A diferencia de otras aves, los pingüinos tienen unos huesos macizos que les sirven para bucear y una capa muy espesa de plumas que hace que conserven una temperatura templada bajo el agua.

Colibríes

Los colibríes baten las alas tan deprisa que para la vista humana se convierten en una mancha borrosa. Pertenecen a la familia de los apodiformes, que significa "sin pies". Aunque no es verdad —porque sí que tienen pies—, normalmente los vemos volando.

Colibríes

Pingüinos

Albatros

Aves marinas

Cigüeñas

Tigana

Aningas, cormoranes, rabihocardos y pájaros bobos

Pelícanos, avetoros, garcitas, ibis y espátulas

Aves acuáticas buceadoras

Grullas

Turacos

Árbol genealógico

Existen muchos tipos diferentes de ave y este libro no es más que una pincelada para conocer sus asombrosas diferencias. Los científicos han descrito unos 40 grupos de aves, conocidos como órdenes, que se dividen en grupos más pequeños, llamados familias. Este árbol genealógico muestra lo relacionados que están todos los grupos de aves entre ellos.

Aves de caza

Las aves de caza son un orden muy diverso: gallinas, faisanes, pavos reales, gallinas de Guinea, pavos de matorral, etc. Muchas de estas aves viven en el suelo y no se les da demasiado bien volar, pero pueden tener un colorido precioso. La mayoría se alimentan de una mezcla de plantas y animales pequeños.

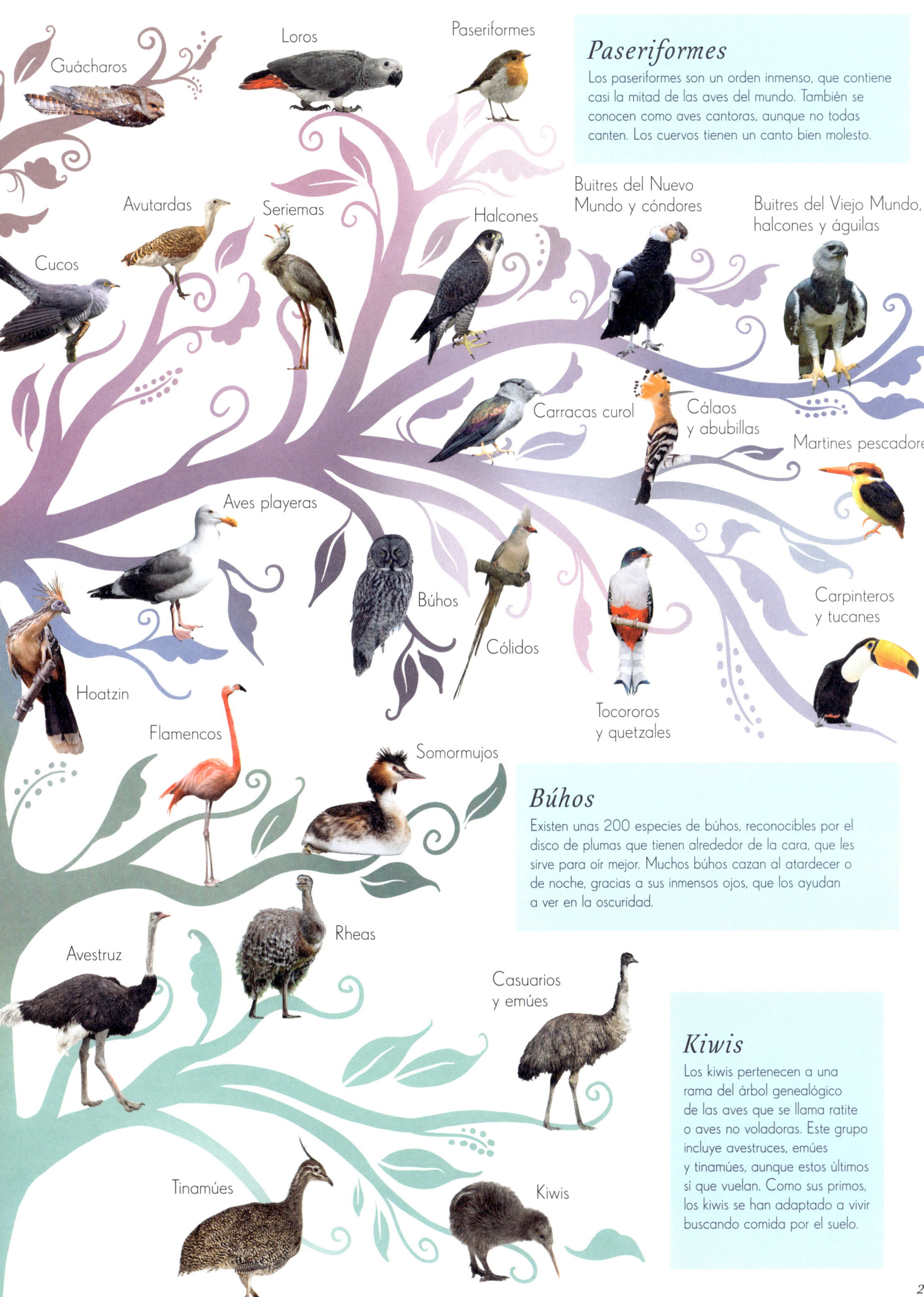

Paseriformes

Los paseriformes son un orden inmenso, que contiene casi la mitad de las aves del mundo. También se conocen como aves cantoras, aunque no todas canten. Los cuervos tienen un canto bien molesto.

Búhos

Existen unas 200 especies de búhos, reconocibles por el disco de plumas que tienen alrededor de la cara, que les sirve para oír mejor. Muchos búhos cazan al atardecer o de noche, gracias a sus inmensos ojos, que los ayudan a ver en la oscuridad.

Kiwis

Los kiwis pertenecen a una rama del árbol genealógico de las aves que se llama ratite o aves no voladoras. Este grupo incluye avestruces, emúes y tinamúes, aunque estos últimos sí que vuelan. Como sus primos, los kiwis se han adaptado a vivir buscando comida por el suelo.

Glosario

acuático, -a Relativo a un organismo que vive en entornos acuosos, como ríos, lagos y mares.

ala Brazo de un ave cubierto de plumas. Las alas tienen diferentes formas según cómo se usen; por ejemplo, las alas largas y delgadas son perfectas para planear en el aire.

aleta Extremidad fina y plana que actúa de remo para impulsar a un animal por el agua. Las alas de los pingüinos se han convertido en aletas.

anfibio Animal con esqueleto que suele pasarse media vida en el agua y media en tierra. En general, se desarrolla de huevo a larva y, luego, a adulto. Las ranas y los tritones son ejemplos de anfibios.

animal doméstico Animal criado para que lo cuiden las personas, sea por su carne, lana, para hacerlo trabajar o como compañía.

arreglarse Proceso a través del cual un ave se pasa el pico por las plumas para alisarlas y a veces para cubrirlas con un aceite impermeable.

ave Animal con esqueleto que tiene pico y plumas. La mayoría de las aves vuelan y ponen huevos con la cáscara dura, a los que suelen construirles un nido.

camuflaje Color o aspecto que sirve para disimular a un animal en el entorno donde vive y lo ayuda a esconderse de sus agresores.

casco Estructura que tienen algunas aves en la cabeza, hecha de hueso y cubierta del mismo material resistente que las plumas.

cortejo Baile realizado por los animales para atraer a una pareja. Durante este ritual, el ave muestra sus plumas u otros ornamentos, incluyendo manchas de colores vivos en la piel, y canta muy fuerte.

cresta Mata de plumas que algunas aves tienen en la cabeza y que usan para lucirse delante de sus posibles parejas.

depredador Animal que caza a otro animal, llamado presa, para alimentarse.

desierto Hábitat donde llueve muy poco. Los desiertos suelen tener arena, y puede hacer mucho frío o mucho calor.

dinosaurio Tipo de reptil antiguo que dominaba la Tierra hace entre 243 y 66 millones de años. Las aves son una evolución de un grupo de dinosaurios, con los que comparten muchas características, como las plumas y la capacidad de poner huevos.

ecolocalización A través del sonido, capacidad de adivinar lo lejos que está un objeto escuchando su eco. Algunos murciélagos y unas pocas aves, incluyendo los guácharos, usan la ecolocalización para investigar sus alrededores.

en peligro de extinción Cuando es muy raro encontrar un animal en libertad. Si no hacemos algo, el animal se extinguirá.

escama Lámina dura y plana que algunos animales tienen en la piel. Suelen cubrir las patas y pies de las aves.

especie Tipo particular de animal, planta u otro ser vivo. Por ejemplo, avestruces y tiganas son especies de ave distintas. Los miembros de la misma especie se juntan para reproducirse y tener crías, y no suelen mezclarse con otras especies.

evolución Proceso de cambio de una especie durante un largo período de tiempo, hasta que se crea una nueva especie.

extinguido, -a Cuando el último miembro de una especie muere y no existen más de ese tipo en toda la Tierra.

fósil Restos endurecidos de organismos que vivieron hace millones de años. Los fósiles pueden ser de partes del cuerpo, como huesos, o restos de formas de vida, como huellas.

garra Extremidad larga, afilada y curvada que algunos depredadores utilizan para matar a sus presas. Entre las aves que tienen garras encontramos búhos, águilas, halcones y buitres.

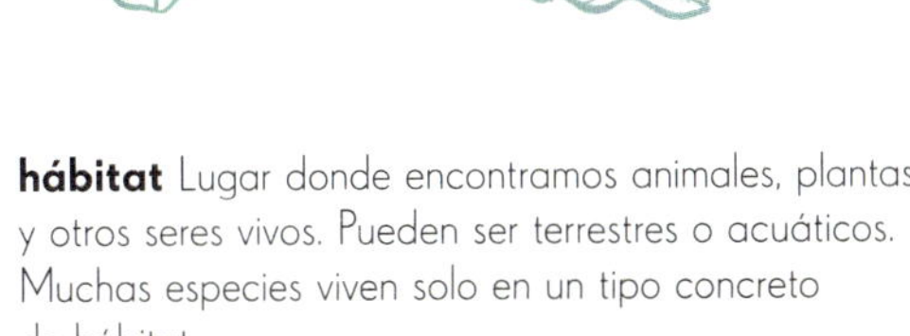

hábitat Lugar donde encontramos animales, plantas y otros seres vivos. Pueden ser terrestres o acuáticos. Muchas especies viven solo en un tipo concreto de hábitat.

herbívoro, -a Animal que solo come plantas.

hibernación Sueño profundo en el que entran algunos animales en invierno. Puede alargarse durante meses.

huevo Cápsula producida por los animales para reproducirse. Las aves ponen huevos con la cáscara dura para que crezcan dentro sus crías. Suelen ser redondos y ovalados, y tener varios colores y dibujos.

humedal Área con vegetación baja en la que hay mucha agua o que está siempre inundada.

incubación Proceso de mantener caliente un huevo para que el animal que está dentro pueda desarrollarse. Las aves suelen construir nidos en los que incuban sus huevos y se sientan encima para mantenerlos calentitos.

insecto Invertebrado con tres pares de patas y un cuerpo dividido en tres secciones. Muchos insectos tienen alas.

invertebrado Animal que no tiene columna vertebral, como insectos, arañas y cangrejos.

iridiscencia Brillo colorido que reflejan algunas plumas, creado por la propia estructura de la pluma.

luz ultravioleta Tipo de luz invisible para las personas, pero que algunos animales sí que pueden distinguir, incluidas las aves. Muchas aves tienen dibujos ultravioletas en sus plumas.

mamífero Animal con esqueleto que tiene la sangre caliente y cubierto de pelaje. La mayoría de las hembras mamíferas dan a luz a sus crías y todas las alimentan con su leche.

migración Largo viaje realizado por los animales para encontrar un nuevo lugar donde reproducirse o criar a su familia. Muchos animales migran cada año entre su hogar de verano y su hogar de invierno.

néctar Líquido dulzón producido por las flores. Los insectos y las aves visitan las flores para tomarse el néctar.

nido Estructura construida por algunas aves para poner sus huevos. Pueden estar construidos a base de ramas, barro, telarañas, musgo, liquen, hojas, raíces e incluso saliva. La mayoría de las aves construyen un nido nuevo en cada período de reproducción.

nocturno, -a Relativo a un animal que está activo de noche.

palmeado, -a Que tiene una capa de piel entre los dedos. Muchas aves acuáticas tienen las patas palmeadas, lo que las ayuda a nadar.

pantano Hábitat con plantas muy bajas y tierra húmeda.

parásito Animal que vive sobre otro animal, o dentro de su cuerpo, y que le hace daño. Se alimenta del animal y no puede vivir sin él. Algunos cucos se consideran parásitos de cría, porque engañan a otras aves para que alimenten a sus polluelos en su lugar.

pareja Compañero de un animal con el que tienen descendencia.

período de cría Época del año en la que los animales tienen hijos.

pez Animal con esqueleto que suele pasarse toda la vida en el agua y que respira a través de branquias.

pico Estructura que forma la boca de un ave. Suele servir para muchos propósitos: desde conseguir comida hasta ahuecarse las alas. Está formado por dos láminas de hueso cubiertas del mismo material resistente que las plumas.

pigmento Sustancia que da un color.

pluma Estructura fina, plana, elaborada del mismo material que el pelo y que es única de las aves. Las plumas cubren el cuerpo de un ave y la ayudan a mantener la temperatura corporal y a no mojarse. También la ayudan a volar por el aire y pueden ser muy coloridas.

plumón Tipo de plumas muy suaves y usadas por las aves para mantenerse calentitas. Las crías solo tienen este tipo de plumas.

polinización Proceso a través del que el polen se mueve entre flores, que permite que la planta produzca semillas. Los animales, como las aves, son los que suelen mover el polen, y se denominan polinizadores.

posarse Estar un ave en una rama u otra superficie, agarrándose fuerte a ella con las patas para mantener el equilibrio. También es el lugar donde están de pie.

prehistórico, -a De hace muchos años. Muchos animales y plantas prehistóricos ya no existen, pero los conocemos a través de los fósiles.

presa Animal cazado por un depredador.

reproducirse Tener hijos.

reptil Animal con esqueleto que tiene la piel dura, cubierta de escamas, y que suele poner huevos. Entre los reptiles encontramos serpientes, lagartijas y tortugas.

selva Hábitat boscoso donde hay mucha humedad porque llueve mucho.

Guía visual

Pavo real, página 4
Pavo muticus
Ubicación: sudeste asiático
Orden: ave de caza
Longitud: 3 m

Pelícano ceñudo, página 6
Pelecanus crispus
Ubicación: Asia y Europa
Orden: pelícanos y familia
Longitud: 1,8 m

Emú, página 8
Dromaius novaehollandiae
Ubicación: Australia
Orden: emúes y casuarios
Longitud: 1,7 m

Marabú africano, página 10
Leptoptilos crumenifer
Ubicación: África
Orden: cigüeñas
Longitud: 1,5 m

Secretario, página 12
Sagittarius serpentarius
Ubicación: África
Orden: halcones y familia
Longitud: 1,5 m

Grulla de coronilla roja, página 14
Grus japonensis
Ubicación: Asia oriental
Orden: grullas y familia
Longitud: 1,5 m

Cisne negro, página 16
Cygnus atratus
Ubicación: Australia
Orden: aves acuáticas
Longitud: 1,4 m

Albatros viajero, página 18
Diomedea exulans
Ubicación: océanos Atlántico, Pacífico y Austral
Orden: petreles
Longitud: 1,4 m

Cóndor andino, página 20
Vultur gryphus
Ubicación: América del Sur
Orden: buitres del Nuevo Mundo
Longitud: 1,2 m

Quebrantahuesos, página 22
Gypaetus barbatus
Ubicación: África, Asia y Europa
Orden: aves rapaces
Longitud: 1,2 m

Águila arpía, página 26
Harpia harpyja
Ubicación: América Central y del Sur
Orden: aves rapaces
Longitud: 1,05 m

Avutarda común, página 28
Otis tarda
Ubicación: Asia y Europa
Orden: avutardas
Longitud: 1,05 m

Ave del trópico de cola roja, página 30
Phaethon rubricauda
Ubicación: océanos Índico y Pacífico
Orden: aves tropicales
Longitud: 1,05 m

Guacamayo jacinto, página 32
Anodorhynchus hyacinthinus
Ubicación: América del Sur
Orden: loros
Longitud: 1 m

Rabihorcado grande, página 34
Fregata minor
Ubicación: océanos tropicales
Orden: cormoranes y familia
Longitud: 1 m

Flamenco enano, página 36
Phoeniconaias minor
Ubicación: África y Asia
Orden: flamencos
Longitud: 1 m

Ave lira soberbia, página 40
Menura novaehollandiae
Ubicación: Australia
Orden: paseriformes
Longitud: 1 m

Cormorán grande, página 42
Phalacrocorax carbo
Ubicación: África, Asia, Europa, América del Norte y Oceanía
Orden: cormoranes y familia
Longitud: 1 m

Colimbo grande, página 44
Gavia immer
Ubicación: Europa y América del Norte
Orden: aves acuáticas buceadoras
Longitud: 91 cm

Seriema de patas rojas, página 46
Cariama cristata
Ubicación: América del Sur
Orden: seriemas
Longitud: 90 cm

Cálao rinoceronte, página 48
Buceros rhinoceros
Ubicación: sudeste asiático
Orden: cálaos y abubillas
Longitud: 90 cm

Faisán común, página 50
Phasianus colchicus
Ubicación: Asia, Europa y América del Norte
Orden: aves de caza
Longitud: 89 cm

Aninga americana, página 52
Anhinga anhinga
Ubicación: América del Norte y del Sur
Orden: cormoranes y familia
Longitud: 89 cm

Espátula rosada, página 54
Platalea ajaja
Ubicación: América del Norte, Central y del Sur
Orden: pelícanos y familia
Longitud: 85 cm

Pájaro bobo de patas azules, página 56
Sula nebouxii
Ubicación: América del Norte y del Sur
Orden: cormoranes y familia
Longitud: 84 cm

Ganso blanco, página 58
Anser caerulescens
Ubicación: América del Norte
Orden: aves acuáticas
Longitud: 83 cm

Avetoro común, página 60
Botaurus stellaris
Ubicación: África, Asia y Europa
Orden: pelícanos y familia
Longitud: 80 cm

Gallo rojo, página 62
Gallus gallus
Ubicación: Asia
Orden: aves de caza
Longitud: 78 cm

Talégalo de Latham, página 64
Alectura lathami
Ubicación: Australia
Orden: aves de caza
Longitud: 70 cm

Ibis escarlata, página 66
Eudocimus ruber
Ubicación: América del Sur
Orden: pelícanos y familia
Longitud: 70 cm

Cárabo lapón, página 68
Strix nebulosa
Ubicación: Asia, Europa y América del Norte
Orden: búhos
Longitud: 69 cm

Cuervo, página 72
Corvus corax
Ubicación: África, Asia, Europa y América del Norte
Orden: paseriformes
Longitud: 69 cm

Gaviota argéntea europea, página 74
Larus argentatus
Ubicación: Europa
Orden: aves playeras
Longitud: 67 cm

Hoatzin, página 76
Opisthocomus hoazin
Ubicación: América del Sur
Orden: hoatzines
Longitud: 66 cm

Quetzal guatemalteco, página 78
Pharomachrus mocinno
Ubicación: América Central
Orden: tocororos y quetzales
Longitud: 65 cm

Kakapo, página 80
Strigops habroptila
Ubicación: Nueva Zelanda
Orden: loros
Longitud: 64 cm

Pintada común, página 82
Numida meleagris
Ubicación: África
Orden: aves de caza
Longitud: 63 cm

Tucán toco, página 84
Ramphastos toco
Ubicación: América del Sur
Orden: carpinteros y tucanes
Longitud: 61 cm

Correcaminos grande, página 86
Geococcyx californianus
Ubicación: América del Norte
Orden: cucos
Longitud: 56 cm

Pato arlequín, página 88
Histrionicus histrionicus
Ubicación: Asia, Europa y América del Norte
Orden: aves acuáticas
Longitud: 54 cm

Somormujo lavanco, página 90
Podiceps cristatus
Ubicación: África, Asia, Europa y Oceanía
Orden: somormujos
Longitud: 51 cm

Carraca curol, página 92
Leptosomus discolor
Ubicación: Madagascar
Orden: cucos
Longitud: 50 cm

Zacua mayor, página 94
Psarocolius montezuma
Ubicación: México y América Central
Orden: paseriformes
Longitud: 50 cm

Guácharo, página 98
Steatornis caripensis
Ubicación: América del Sur
Orden: guácharos
Longitud: 50 cm

Tigana, página 100
Eurypyga helias
Ubicación: América Central y del Sur
Orden: tiganas
Longitud: 48 cm

Garcita verdosa, página 102
Butorides virescens
Ubicación: América del Norte y Central
Orden: pelícanos y familia
Longitud: 48 cm

Cucaburra, página 104
Dacelo novaeguineae
Ubicación: Australia
Orden: martines pescadores y familia
Longitud: 47 cm

Nictibio jamaicano, página 106
Nyctibius jamaicensis
Ubicación: Caribe y América Central
Orden: nictibios
Longitud: 46 cm

Picamadero norteamericano, página 108
Dryocopus pileatus
Ubicación: América del Norte
Orden: carpinteros
Longitud: 46 cm

Kiwi moteado menor, página 110
Apteryx owenii
Ubicación: Nueva Zelanda
Orden: kiwis
Longitud: 45 cm

Pingüino enano, página 112
Eudyptula minor
Ubicación: Australia y Nueva Zelanda
Orden: pingüinos
Longitud: 45 cm

Halcón peregrino, página 114
Falco peregrinus
Ubicación: todo el mundo, excepto la Antártida
Orden: halcones
Longitud: 45 cm

Pájaro azúcar de El Cabo, página 116
Promerops cafer
Ubicación: África del Sur
Orden: paseriformes
Longitud: 43 cm

Turaco de Livingstone, página 118
Tauraco livingstonii
Ubicación: África
Orden: turacos
Longitud: 43 cm

Aguja colipinta, página 120
Limosa lapponica
Ubicación: África, Asia, Europa, América del Norte y Oceanía
Orden: aves playeras
Longitud: 41 cm

Petrel de las nieves, página 122
Pagodroma nivea
Ubicación: Antártida y océano Austral
Orden: petreles
Longitud: 40 cm

Paloma rosada, página 124
Nesoenas mayeri
Ubicación: Mauricio
Orden: palomas
Longitud: 40 cm

Loro gris, página 126
Psittacus erithacus
Ubicación: África
Orden: loros
Longitud: 39 cm

Frailecillo coletudo, página 128
Fratercula cirrhata
Ubicación: Asia y América del Norte
Orden: aves playeras
Longitud: 38 cm

Tijereta rosada, página 130
Tyrannus forficatus
Ubicación: América del Norte y Central
Orden: paseriformes
Longitud: 38 cm

Focha común, página 132
Fulica atra
Ubicación: Asia, África, Europa y Oceanía
Orden: grullas y familia
Longitud: 38 cm

Charrán ártico, página 134
Sterna paradisaea
Ubicación: océanos del todo el mundo
Orden: aves playeras
Longitud: 36 cm

Cuco común, página 136
Cuculus canorus
Ubicación: África, Asia y Europa
Orden: cucos
Longitud: 33 cm

Charrán blanco, página 140
Gygis alba
Ubicación: océanos Índico y Pacífico
Orden: aves playeras
Longitud: 33 cm

Combatiente, página 142
Calidris pugnax
Ubicación: África, Asia y Europa
Orden: aves playeras
Longitud: 32 cm

Abubilla, página 144
Upupa epops
Ubicación: África, Asia y Europa
Orden: cálaos y abubillas
Longitud: 32 cm

Gallito de las rocas, página 146
Rupicola peruvianus
Ubicación: América del Sur
Orden: paseriformes
Longitud: 32 cm

Chara azul, página 148
Cyanocitta cristata
Ubicación: América del Norte
Orden: paseriformes
Longitud: 30 cm

Campanero barbudo, página 150
Procnias averano
Ubicación: América del Sur
Orden: paseriformes
Longitud: 28 cm

Ganga namaqua, página 152
Pterocles namaqua
Ubicación: África
Orden: gangas
Longitud: 28 cm

Tocororo, página 154
Priotelus temnurus
Ubicación: Cuba
Orden: tocororos y quetzales
Longitud: 28 cm

Chorlo gritón, página 156
Charadrius vociferus
Ubicación: América del Norte, Central y del Sur
Orden: aves playeras
Longitud: 26 cm

Pergolero flamígero, página 158
Sericulus ardens
Ubicación: Nueva Guinea
Orden: paseriformes
Longitud: 25 cm

Saltarín colilargo, página 160
Chiroxiphia linearis
Ubicación: América Central
Orden: paseriformes
Longitud: 23 cm

Estornino pinto, página 162
Sturnus vulgaris
Ubicación: África, Asia y Europa
Orden: paseriformes
Longitud: 22 cm

Cardenal norteño, página 166
Cardinalis cardinalis
Ubicación: América del Norte
Orden: paseriformes
Longitud: 22 cm

Pita bulliciosa, página 168
Pitta versicolor
Ubicación: Oceanía
Orden: paseriformes
Longitud: 21 cm

Mirlo acuático europeo, página 170
Cinclus cinclus
Ubicación: Asia y Europa
Orden: paseriformes
Longitud: 21 cm

Ampelis europeo, página 172
Bombycilla garrulus
Ubicación: Asia, Europa y América del Norte
Orden: paseriformes
Longitud: 21 cm

Indicador grande, página 174
Indicator indicator
Ubicación: África
Orden: carpinteros
Longitud: 20 cm

Periquito australiano, página 176
Melopsittacus undulatus
Ubicación: Australia
Orden: loros
Longitud: 20 cm

Chotacabras pachacua, página 178
Phalaenoptilus nuttallii
Ubicación: América del Norte
Orden: chotacabras
Longitud: 20 cm

Abejaruco chico, página 180
Merops pusillus
Ubicación: África
Orden: martines pescadores y familia
Longitud: 17 cm

Vencejo común, página 182
Apus apus
Ubicación: África, Asia y Europa
Orden: colibríes y vencejos
Longitud: 17 cm

Ave del paraíso republicana, página 186
Diphyllodes respublica
Ubicación: Indonesia
Orden: paseriformes
Longitud: 16 cm

Gorrión común, página 188
Passer domesticus
Ubicación: todo el mundo, excepto la Antártida
Orden: paseriformes
Longitud: 16 cm

Pinzón carpintero, página 190
Camarhyncus pallidus
Ubicación: islas Galápagos
Orden: paseriformes
Longitud: 15 cm

Tejedor republicano, página 192
Philetairus socius
Ubicación: África
Orden: paseriformes
Longitud: 14 cm

Mito común, página 194
Aegithalos caudatus
Ubicación: Asia y Europa
Orden: paseriformes
Longitud: 14 cm

Petirrojo europeo, página 196
Erithacus rubecula
Ubicación: África, Asia y Europa
Orden: paseriformes
Longitud: 14 cm

Mochuelo duende, página 198
Micrathene whitneyi
Ubicación: América del Norte
Orden: búhos
Longitud: 14 cm

'I'iwi, página 200
Drepanis coccinea
Ubicación: Hawái
Orden: paseriformes
Longitud: 14 cm

Ratona australiana azul, página 202
Marulus cyaneus
Ubicación: Australia
Orden: paseriformes
Longitud: 14 cm

Martín pescador oriental, página 204
Ceyx erithaca
Ubicación: Asia
Orden: martines pescadores y familia
Longitud: 14 cm

Sastrecillo común, página 206
Orthotomus sutorius
Ubicación: Asia
Orden: paseriformes
Longitud: 13 cm

Cartacuba, página 208
Todus multicolor
Ubicación: Cuba
Orden: martines pescadores y familia
Longitud: 11 cm

Colibrí zunzuncito, página 210
Mellisuga helenae
Ubicación: Cuba
Orden: colibríes y vencejos
Longitud: 6 cm

Editora senior Olivia Stanford
Diseñadoras Charlotte Jennings, Roohi Rais, Ann Cannings
Editora Abi Maxwell
Ayudante de imágenes Nunhoih Guite
Diseñador DTP Dheeraj Singh
Directora editorial Gemma Farr
Directoras editoriales artísticas Elle Ward, Ivy Sengupta
Coordinadora de cubiertas Elin Woosnam
Productora editorial senior Nikoleta Parasaki
Controler de producción senior Ben Radley
Jefa creativa en Delhi Malavika Talukder
Directora ejecutiva Sarah Larter
Consultor Sacha Barbato

De la edición en español:
Traducción Mariona Barrera
Corrección Manuel Barroso
Composición y maquetación Sara García Pérez
Coordinación editorial Lakshmi Asensio
Dirección editorial Elsa Vicente

Publicado originalmente en Gran Bretaña en 2024 por Dorling Kindersley Limited
DK, 20 Vauxhall Bridge Road, Londres, SW1V 2SA
Parte de Penguin Random House

Título original: *An Anthology of Exquisite Birds*
Primera edición: 2025
004-340978-Oct/2025

ISBN: 979-8-2171-2976-8

Impreso en China

www.dkespañol.com

Este libro se ha impreso con papel certificado por el Forest Stewardship Council™ como parte del compromiso de DK por un futuro sostenible. **Para más información, visita www.dk.com/uk/information/sustainability**

DK quiere agradecer a Sonny Flynn y Brandie Tully-Scott el diseño adicional; a Lois Ware la corrección; a Daniel Long las ilustraciones principales; a Angela Rizza las ilustraciones de la cubierta; y a Tuba Sied las metaetiquetas.

Sobre el autor: Ben Hoare ha sentido fascinación por la naturaleza desde pequeño. Fue editor de reportajes de la revista BBC Wildlife Magazine, y ha editado y escrito muchos libros de DK, incluyendo *An Anthology of Intriguing Animals* y *The Wonders of Nature*.

Créditos de imágenes

La editorial quiere agradecer a las siguientes entidades el permiso para reproducir sus fotografías:
(Clave: sup-superior, inf-inferior, c-central, f-fondo, izq-izquierda, der-derecha)

4-5 123RF.com: iamtk. **6-7 Shutterstock.com:** JaklZdenek. **8-9 Shutterstock.com:** Cassandra Cury. **10-11 naturepl.com:** Sylvain Cordier. **12-13 123RF.com:** Johanswan. **14-15 Alamy Stock Photo:** Papilio / Robert Pickett. **16 Alamy Stock Photo:** FLPA. **19 Shutterstock.com:** Agami Photo Agency. **20-21 Thomas Fuhrmann:** www.snowmanstudios.de. **23 Depositphotos Inc:** Slowmotiongli. **24 Dorling Kindersley:** Peter Minister, Digital Sculptor (cder). **25 Alamy Stock Photo:** Clarence Holmes Wildlife (infder); Nature Photographers Ltd / Paul R. Sterry (cderinf). **Dorling Kindersley:** Jon Hughes (csup). **Dreamstime.com:** Dragoneye (infc). **Phillip Krzeminski:** (c). **26-27 Alamy Stock Photo:** Teila K. Day Photography. **28-29 Dreamstime.com:** Volodymyr Byrdyak. **30-31 Jacob Drucker. 32-33 Alamy Stock Photo:** Nature Picture Library / Bence Mate. **34-35 Alamy Stock Photo:** DanitaDelimont / Yuri Choufour. **36 Shutterstock.com:** Bruce Seabrook. **38 Alamy Stock Photo:** Mats Janson (infiz). **Dreamstime.com:** Agami Photo Agency (supizq); Jim Cumming (cizq). **38-39 Alamy Stock Photo:** Monkey Business (supc); Nature Photographers Ltd / Paul R. Sterry (supc). **39 Alamy Stock Photo:** Blickwinkel / McPHOTO / MAS (cizqsup); Kevin Elsby (infizq); FLPA (infder). **Dreamstime.com:** Dwiputra18 (cderinf). **Shutterstock.com:** Robert Harding Video (supder). **40-41 Alamy Stock Photo:** Minden Pictures. **43 Alamy Stock Photo:** Nature Picture Library / Markus Varesvuo. **44 Alamy Stock Photo:** All Canada Photos / Roberta Olenick. **46 Kacau Oliviera / Solent News & Photo Agency. 49 naturepl.com:** Tim Laman. **50 Depositphotos Inc:** JakubMrocek (sup). **Shutterstock.com:** Wang LiQiang (infizq); Wang LiQiang (infder). **51 Dreamstime.com:** Diego Grandi (sup). **Shutterstock.com:** Sunti (infizq). **52-53 Sarathlal Sasidharan. 54-55 Dreamstime.com:** Isselee. **56-57 Alamy Stock Photo:** Minden Pictures / Ingo Arndt. **58-59 naturepl.com:** Jack Dykinga. **60-61 Alamy Stock Photo:** Minden Pictures / Cees Uri / NIS. **62-63 Shutterstock.com:** Foto Journey. **65 naturepl.com:** BIA / Jan Wegener. **66-67 Alamy Stock Photo:** Nature Picture Library / Sylvain Cordier. **68-69 Shutterstock.com:** Jim Cumming. **70 naturepl.com:** Charlie Hamilton James (csup); Photo Ark / Joel Sartore (cinf); Michael D. Kern (infder). **Science Photo Library:** Natural History Museum, London (supc). **70-71 naturepl.com:** Yves Lanceau (supc); Staffan Widstrand (csup). **71 Alamy Stock Photo:** imageBROKER / Phil McLean (infizq). **naturepl.com:** Michael Durham (cder). **Science Photo Library:** Mark Sykes (infizq); Dr Keith Wheeler (supc). **72-73 naturepl.com:** Niall Benvie. **74-75 Science Photo Library:** Chris Hellier. **76-77 Alamy Stock Photo:** Minden Pictures / Nate Chappell / BIA. **78-79 Getty Images:** 500px / Daniel Parent. **80 Sam O'Leary. 82-83 Alamy Stock Photo:** Blickwinkel / McPHOTO / MAS. **84-85 Shutterstock.com:** Eric Isselee. **86-87 Getty Images:** Moment / Jeff R Clow. **88-89 naturepl.com:** Gerrit Vyn. **90-91 Alamy Stock Photo:** Mark Sandbach. **92 ©Paul van Giersbergen. 93 Science Photo Library:** Tony Camacho. **94-95 Alamy Stock Photo:** Minden Pictures / Steve Gettle. **96 Alamy Stock Photo:** Era-Images / Colin Harris (infder); Minden Pictures / Konrad Wothe (supc); imageBROKER / Frank Derer (supder); William Leaman (infizq). **Shutterstock.com:** Danita Delimont (cizq). **97 Alamy Stock Photo:** imageBROKER / Neil Bowman (supder); Minden Pictures / Ingo Arndt (supize); Dominic Robinson (infizq); Cro Magnon (infder). **Shutterstock.com:** Feng Yu (cinf). **98-99 Shutterstock.com:** Traveller MG. **100-101 Getty Images / iStock:** GlobalP. **102-103 123RF.com:** Gonepaddling. **104-105 Alamy Stock Photo:** Christian Htter. **106-107 Shutterstock.com:** Fabio Maffei. **108 Alamy Stock Photo:** Minden Pictures / Donald M. Jones. **110-111 Alamy Stock Photo:** Nature Picture Library / Tui De Roy. **112-113 Alamy Stock Photo:** Auscape International Pty Ltd / Ian Beattie / Auscape. **114-115 naturepl.com:** Luke Massey. **116-117 Getty Images / iStock:** Neil Bowman. **119 naturepl.com:** Roland Seitre. **121 naturepl.com:** Markus Varesvuo. **122-123 Depositphotos Inc:** Tarpan. **124 Alamy Stock Photo:** Peter Schickert (inf). **Minden Pictures:** Martin Withers (supder). **naturepl.com:** Ann & Steve Toon (supizq). **125 Alamy Stock Photo:** Biosphoto / Jean-Francois Noblet (c); Minden Pictures / Hans Glader / BIA (infizq); Minden Pictures / Greg Oakley / BIA (infder). **Getty Images:** Moment / Rapeepong Puttakumwong (supder). 126-127 **Depositphotos Inc:** Lifeonwhite. **128-129 © Christopher Dodds:** www.chrisdoddsphoto.com. **130-131 naturepl.com:** Alan Murphy. **132-133 Alamy Stock Photo:** Minden Pictures / Natalia Paklina / Buiten-beeld. **134-135 Dreamstime.com:** Hakoar. **136-137 naturepl.com:** Hermann Brehm. **138 Getty Images:** Corbis / Paul Starosta (supizq); Corbis / Paul Starosta (supc); Corbis / Paul Starosta (infizq); Corbis / Paul Starosta (cderinf). **139 Alamy Stock Photo:** Science History Images / Photo Researchers (cizqsup). **Dreamstime.com:** Isselee (infder). **Getty Images:** Corbis / Paul Starosta (supc); Corbis / Paul Starosta (cizqinf). **Science Photo Library:** DK Images (supder). **141 Alamy Stock Photo:** Oliver Smart. **142 Depositphotos Inc:** Davem1972 (inf). **143 Alamy Stock Photo:** Minden Pictures / Winfried Wisniewski. **144-145 naturepl.com:** BIA / Thomas Hinsche. **146-147 naturepl.com:** Morley Read. **148-149 Alamy Stock Photo:** Chris Hennessy. **150 Douglas Greenberg. 152-153 Alamy Stock Photo:** Blickwinkel / M. Woike. **154-155 Alamy Stock Photo:** All Canada Photos / Glenn Bartley. **156 Alamy Stock Photo:** James Schaedig. **158 Getty Images / iStock:** Banu R. **160-161 Getty Images:** Moment / © Juan Carlos Vindas. **162-163 Dreamstime.com:** Agdbeukhof. **164 Alamy Stock Photo:** Blickwinkel / McPHOTO / MAS (cder); Jerome Murray - CC (supder); McPhoto / Rolfes (cizqsup). **164-165 Alamy Stock Photo:** Raimund Linke (c). **165 Alamy Stock Photo:** AGAMI Photo Agency / Ralph Martin (supder); Steve Cushing (supc); David DesRochers (cdersup); Blickwinkel / Mcphoto / Mas (infder). **166-167 Dreamstime.com:** Thomas Torget. **168-169 Alamy Stock Photo:** Minden Pictures / Eric Sohn Joo Tan / BIA. **170-171 naturepl.com:** Markus Varesvuo. **172 Alamy Stock Photo:** imageBROKER.com GmbH & Co. KG / D. Usher. **175 naturepl.com:** Roland Seitre. **176 naturepl.com:** Steven David Miller. **178-179 Alamy Stock Photo:** Rick & Nora Bowers. **180-181 Alamy Stock Photo:** Kit Day. **182-183 Shutterstock.com:** Dilomski. **184 Alamy Stock Photo:** AfriPics.com (infizq); Trevor Collens (sup); Panoramic Images (c). **Shutterstock.com:** Bildagentur Zoonar GmbH (cderinf). **185 Alamy Stock Photo:** Alan Spencer Norfolk (supc); Robertharding / G & M Therin-Weise (supder); Colin Varndell (infder). **186-187 Alamy Stock Photo:** Minden Pictures / Ch'ien Lee. **188-189 naturepl.com:** Philippe Clement. **190 Alamy Stock Photo:** Minden Pictures / D. Parer & E. Parer-Cook. **192-193 Getty Images / iStock:** Wirestock. **194 Shutterstock.com:** Coulanges. **196-197 Shutterstock.com:** Kristian Bell. **198-199 Minden Pictures:** FLPA. **200-201 Shutterstock.com:** Kendall Collett. **203 Shutterstock.com:** Leonie Ailsa Puckeridge. **205 Getty Images / iStock:** Abdul Sameer. **206 Depositphotos Inc:** SyedFAbbas. **208-209 Shutterstock.com:** Milan Zygmunt. **210 Andy Morffew:** (supder,infder). **Shutterstock.com:** Keneva Photography (infizq); Richard Winston (supizq); Piotr Poznan (cinf). **211 Alamy Stock Photo:** All Canada Photos / Glenn Bartley (supder); Keith Allen (supizq). **Getty Images / iStock:** Ken Canning (c). **212 123RF.com:** Keith Levit / keithlevit (cizqsup); Mike Price / Mhprice (cder/Turacos). **Alamy Stock Photo:** Saverio Gatto (c); Peter Schickert (cderinf); Robertharding / James Hager (cinf). **Depositphotos Inc:** Dianaarturovna (cder). **Dreamstime.com:** Inaras (csup/Pingüinos); Tarpan (csup); Alexander Potapov (cderinf/Aves acuáticas). **Jacob Drucker:** (cdersup). **Minden Pictures:** Martin Withers (cderinf/Mesitornítidos). **Shutterstock.com:** Foto Journey (cderinf/Aves de caza); Piotr Poznan (supder). **213 Alamy Stock Photo:** All Canada Photos / Glenn Bartley (c/Tocororo); Gabbro (crdersup); VWPics / Jon G. Fuller (cdersup/Águilas); Wildlife / Robert McGouey (c). **Depositphotos Inc:** Lifeonwhite (supc); Panuruangjan (cdersup/Martín pescador). **Dreamstime.com:** Dragoneye (cinf/Emú); Vasyl Helevachuk (cdersup/Abubilla); Tupungato (cizq/Gaviota); Sombra12 (cinf); Igor Stramyk (cizqinf); Rudolf Ernst (cinf/Rheas); Isselee (infc); Isselee (infc/Kiwi). **Getty Images / iStock:** Ivkuzmin (cizq). **naturepl.com:** Hermann Brehm (cizqsup/Cucos); Photo Ark / Joel Sartore (cizqsup/Avutarda). **Science Photo Library:** Tony Camacho (csup/Carraca curol). **Shutterstock.com:** Kristian Bell (supc/Aves cantoras); Traveller MG (supizq); Eric Isselee (cder); Eric Isselee (cinf/somormujo). Kacau Oliviera / **Solent News & Photo Agency:** (cizqsup)

Imágenes de cubierta: *Frontal:* **123RF.com:** Kajornyot tc; **Alamy Stock Photo:** All Canada Photos / Glenn Bartley cdersup, Kit Day cizqinf, Minden Pictures / Thomas Marent cizqsup, WILDLIFE GmbH cizq; **Depositphotos Inc:** Lifeonwhite cderinf; **Dreamstime.com:** Cowboy54 infder, Perchhead supder; **Getty Images / iStock:** Guenterguni cdersup/ (fragata); **naturepl.com:** Juergen & Christine Sohns infizq